野島剛
漫遊世界
食考學

五十歲的一人旅，
從「吃」進入一個國家、
一段歷史、一種文化的奇妙田野探訪

野島剛
著

目錄

PART 2

映照歷史身影的滋味

PART 3

食之味的奇幻探訪

推薦語

這本書有著野島剛一貫平易近人、博學多聞的寫作風格。挑選一種在地食材或風土料理，作為品嚐一個國家的引子，旁徵博引歷史、文化、生態及其背後的故事，在閱讀味蕾裡逐層展開風味，勾人上癮。

他筆下的二十一個國家，我去過三分之二，能用這樣的視角，記錄他眼中的世界，是一位善於說故事的高手。

——《天下雜誌》總編輯　吳琬瑜

必須承認我的味蕾一直比不上我對攝影與報導文字書寫的感官發達，因此即使旅行間，食物往往僅是滿足生理的呼喚，但期望在味蕾有更多的拓展，大多因嫌麻煩索性忽略。拜讀野島君的大作後，竟有點惆悵，原來一生的旅行仍缺一味：食物探索不應如同密宗傳承，如果能飾以風土與時間長河的浸漬，豐富其層次感，如此的旅行可將是豐饒溢出的多重感官之旅。

——《經典雜誌》總編輯　王志宏

野島剛是我見過最有求知慾、最好奇、總是追根究柢的記者。這本書和他過往書寫故宮、蔣介石、中日台關係無涉；他在五十歲的中年，大膽把自己丟入世界二十多個陌生國家田野，以較為緩慢的旅人視角切入，用味蕾和料理背後的歷史，用甜酸辣澀的滋味，帶讀者理解腳下的世界是如何相互影響。讓我們隨著他漫遊的足跡，進入繽紛的食考學。

——《報導者》總編輯　李雪莉

原本很懷疑，一個善寫時政評論、嚴肅議題的記者，如何書寫美食？但翻開書稿，自第一字、第一句開始讀起，我立刻相信這確實是這位跨語言、文化的寫作者能盡情發揮實力的場域。食物只是媒介，將在地食物作為針線的野島剛，將各國歷史文化與政治狀況編織出一個既具土地觀點，又帶跨國文化比較的精彩作品。讓讀者的味蕾被挑動之餘，也能觀聞時代的聲音。

——轉角國際專欄作者　阿潑

推薦序

不只是旅行隨筆的文化觀察饗宴

《中央社》社長張瑞昌

讀野島剛的書稿時，我常想起澤木耕太郎。一九八六年以《深夜特急》系列在日本文壇捲起旋風，進而被自助背包客奉為聖經的澤木，帶著宛若報導文學的書寫風格，讓讀者對旅行滿懷熱情，並且為他勇往直前、探索未知的魅力而著迷。

《深夜特急》曾激發眾多年輕人的仿效，相繼踏上那不可預知的旅程，時至今日，趁著年少青春壯遊世界，不僅蔚為時代風潮，也彷彿成為一種生命巡禮，如同澤木在最終回的《旅行的力量》一書所言，「旅行的力量」等於「生存的力量」。因為在旅行過程中學會的力量，不管是吃、喝、睡、問乃至預測、決斷的力量，都可以增長自己的能耐，最終就轉化成生存的力量。

我與野島都算是閱讀《深夜特急》的一代人，但野島卻是個勇於冒險的行動派，關於旅行這件事，他身體力行，劍及履及，而我卻裹足不前，安於現狀。同樣五十歲，野島在這一年出走，環遊世界各地；但我只做了兩件事，而且都在台灣，一是單車環島，另一是完成初馬。這讓我深深地相信，野島是服膺且實踐澤木「旅行的力量」的忠實信徒，而我則不過是一個安靜的仰慕者，欣羨於福岡人的豪情壯志。

長於歷史寫作的野島，選擇以飲食作為書寫角度，這是他理解陌生國度的途徑。然而，作為一個新聞記者出身的寫手，野島在本書再度發揮他擅長的社會觀察，以親身考據帶著讀者重回現場。例如，與台灣相關的雞汁麵一文中，野島就發揮記者採訪查證的精神，從大阪、橫濱追到彰化員林、台南鹽水，對於雞汁麵是由日清食品創辦人安藤百福「發明」一說提出疑問。

這是屬於野島特色的文體，在每個他書寫的國度裡，你必然會都讀到一種野島獨有的歷史感，觀察入微又饒富哲思。在「國境之西」的與那國島，野島寫捕旗魚名人的傳奇，提到海明威的《老人與海》，說與那國的緯度與這本名著的舞台——古巴幾乎相同。是啊，我比野島更早去過與那國島，卻從沒有想過海明威與古巴。

儘管是旅行隨筆，野島仍保有媒體人的敏銳度，而且俯拾即是。寫緬甸茶店文化時，他說，在過去的緬甸，茶店被視為反體制的溫床，因為情報人員會喬裝客人潛入，監視店內對話。野島在這裡下了一個註解，他寫道，茶店也是「謀略」與「演技」的場域。又如寫香港代表性的食物雲吞麵，野島考究雲吞的原點是來自「混沌」，用來形容香港當今局勢是再適合不過了。可野島又在結尾神來一筆，以「香港民主不死，就像雲吞麵的麵條怎麼咬也咬不斷般，充滿韌性」向他曾留學的香港致敬。

野島剛著作甚多，在台灣擁有相當的知名度。二〇〇四年秋天，我與野島相識在《朝日新聞》東京本社，那時他剛從新加坡奉調回來，負責跑外務省，我則是應聘赴日擔任客座研究員，曾在廈門進修的野島，對台灣頗感親切，幾次見面相談甚歡，兩人一見如故。數年後，野島被派駐台北，我們因而又有更多的往來。但向來不太喜歡安逸的野島，幾年前卻決定離開人人稱羨的報館工作，做起一個快樂的自由撰稿人。

慣於快筆成文的野島，這回投出了一記慢速變化球，那是他人生後半段的精彩出擊，在歷經漫長的旅行之後，他盛滿書寫能量集結而成的《野島剛漫遊世界食考學》，無疑為我們帶來了一份況味十足的文學饗宴。

自序

五十歲出走看世界，享受人生後半段的精彩

旅行的意義是什麼？答案有千百萬種，每個人都有出走的理由吧。旅行蘊含著無限的可能性，所有人都在旅程中創造出屬於自己獨一無二的回憶。

旅行，也是一個人在人生的某個階段，創造出獨屬那個當下的旅行。即便是相同地點，二十歲有二十歲的冒險，四十歲有四十歲的體悟，感受截然不同。因此，旅行經常充滿新鮮感和令人興奮的體驗。

而且，我認為決定旅行本身品質的關鍵，尤其與自己當時的心境和精神狀況有關，隨著年齡增長，人追求的東西也會有很大的轉變。

二十歲到五十歲的旅行意義都不同

二十歲的我，認為旅行是磨鍊自己的身心，總是以此為目標，過著像苦行僧的漂浪之旅。四十歲的我，則是一味尋找和工作有所連結的素材。現在，我邁入五十歲了，從二〇一八年五月到十月的半年期間，周遊世界二十個多國家。那麼，我在這趟旅行追求的又是什麼呢？

這三十年間，身為媒體人兼作家，我不斷進行取材和書寫的作業，日復一日。我熱愛這份工作，百分之百相信這是我的「天職」，但在生活中遇見的人和前往的地方，不知不覺中形成框架，我開始警覺到自己似乎活在「同溫層」裡，習慣固定的工作和人際關係，逐漸喪失對事物的敏銳度。回想起來，也是在這個時候自己越來越渴望跳脫舒適圈，讓變得狹隘的視野得以開闊。

孔子說：「五十而知天命」，而我選擇在五十歲出走看世界，並不是為了知天命。五十歲時，基本上是人生的三分之二階段，我希望的是遠離日常忙碌生活，回顧過去的人生，還有思考接下來的人生。五十歲了，人生剩下的三分之一要怎麼過？身體可能還有二十年能夠活動自如，趁著中年之際思考如何過有意義的樂活人生，在高齡化社會裡是誰都必須面對的課題。

我本來就很喜歡旅行，大學時代就經常利用長假到世界各地走走。那個時候，我覺得上課內容空泛不切實際，完全不感興趣。慶幸的是，我就讀的私立大學有寒暑假和春假等一大堆長假可以好好充實自己。因此，課堂以外的時間，我到處打工賺取旅費，一放長假就到各國流浪。那個時期我的足跡遍及亞洲、歐洲等，超過四十個國家。

正因如此，我了解自己的個性是喜歡自由自在地到處走，所以才決定走向新聞記者這條路。在泡沫經濟瓦解之前，日本企業的終生僱用制是根深柢固的，而我二十三歲進入公司時，就已經打定主意要在四十歲辭職，再一次環遊世界。自從當上記者之後，如我所願，調動機會多，大概是以兩年一次的頻率在搬家，也到過許多國家進行採訪。

也許是工作本身太過有趣，我忘了自己要在四十歲離開公司的計畫。到了四十五歲左右，升上管理職之後，我幾乎都被關在公司大樓裡，直到四十七歲辭去工作，才嘗到久違的自由滋味。接下來三年間，我拚命寫文章和專欄，也出了五本書，日子似乎過得比之前忙碌，但是我樂在其中，再加上從二〇一九年開始即將在大學授課，生活一定會變得更加繁忙，於是我心想，此刻不走更待何時，硬是排開所有行程，特地空出半年時間，透過旅行重新面對自己的人生。

旅行中的麻煩事不斷考驗自己的心

二〇一八年的春天到冬天，我到訪了非洲、中東和南美洲等二十幾個國家，都是在工作上比較沒機會接觸到的地方。我選擇在一個國家的一個城鎮停留約一個星期左右，租短期公寓，在超市購買食材自己下廚做菜，放慢腳步融入當地人的生活，不像年輕時代的旅行是每天馬不停蹄地趕路，也幾乎不依賴任何旅遊書籍。

即使如此，並不代表旅程中不會遇到麻煩。舉例來說，我的行李箱在克羅埃西亞憑空消失了，也就是所謂的「行李遺失」（Lost luggage）。克羅埃西亞航空的消極態度令人氣結，櫃檯人員連一句道歉也沒有，只遞給我一張遺失證明書，冷冷地說：「請寫下聯絡方式，找到的話會再通知您。」然後，就這樣子過了四天沒有任何消息。行李裡有衣服和重要資料，我越來越焦急，最壞的打算就是自認倒楣。我上網查詢行李遺失的處理辦法，也開始規劃購買方便替換的新衣服，以及調查信用卡的保險適用範圍等。結果，行李在第五天回到身邊。現在，我也算得上是行李遺失的專家。

我在旅程中也生病了，就在南美洲秘魯的深山裡，接近馬丘比丘的地方，出現不明原因的肚子痛。我找到醫生，用Google翻譯成西班牙文，努力說明我的症狀。醫生開的藥物是不曾見過的，雖然感到害怕，但也只能夠選擇相信。

到了北非的突尼西亞，我在撒哈拉沙漠遭遇突如其來的暴風雨，搭設好的帳篷幾乎被吹走，還有滂沱大雨感覺要把帳篷吞噬，甚至還下起如飯糰大小般的冰雹，在變幻莫測的大自然面前，感受到生命的渺小。總算等到放晴了，我在帳篷裡和同寢的美國人背包客相視而笑，說：「歡迎來到撒哈拉。」

最常遇到的麻煩就是交通問題。平均說來，發展中國家的交通大概是每三次會遇到一次突發狀況，例如飛機不飛了，火車誤點了，公車故障了，被司機索取額外費用，在沙漠搭乘的四輪驅動越野車陷入泥沼動彈不得等等。每次遇到麻煩時，總會覺得不耐煩，心想：「又來了。」但是轉個念跟自己說：「這也是旅行啊！」心情就好多了。

對太過於安逸現狀的自己感到羞愧

在旅程中，原本希望能夠像平常那樣地生活，但是等旅行結束後，回過頭來看，記在腦海裡的盡是一些麻煩事。原來，這些插曲也是旅行的樂趣之一，麻煩的出現就是考驗自己的機會。有時候旅行就像是隨堂考般，難免會遇到棘手的題目。

而且，我發現自己的心態也發生很大的轉變，與年輕時的毛躁不同，在這趟旅行中，不管發生什麼問題，我都盡可能地保持冷靜和淡然面對，並且從中記取教訓，學習如何預測麻煩和思考迴避的方法。對我而言，這一點讓我多少感受到自己這三十年來的「成長」。

與三十年前的旅行相比，最大的差異就在於便利性。網路時代的旅人很幸福，預約飯店、機票和租車等皆可上網一鍵搞定。而且，平常有閱讀習慣的我也不用帶著厚重的書出門，隨時隨地都可以從亞馬遜網站下載電子書，讀萬卷書和行萬里路是可以同時並進的。另外，即使不懂阿拉伯文和西班牙文，也能夠透過google翻譯功能進行溝通。

旅行，已經不是冒險的代名詞了。世界上幾乎沒有無人知曉的秘境，撇開語言隔閡，在網路上幾乎都找得到相關介紹。但是，旅行本身依然有無可取代的樂趣。就像我到達一個陌生土地，遇到疑問時，就會鍥而不捨尋找答案，挖掘出背後的深層意涵，嘗試更加深入理解那個地方。

在秘魯的馬丘比丘。

我在這趟旅行中反覆進行這樣的尋找，才發現專長於台灣和中國議題的自己太過安逸於現狀，也羞愧於自己的眼界變得狹隘。台灣是非常有趣的地方，但是在理解台灣之時，除了探索台灣深層的部分，同時認識台灣以外的土地，也有助於以宏觀的角度思考台灣的定位。

到訪一個國家，掌握當地人民的生活步調，還有認識該國政治和社會運作模式時，會覺得那個國家彷彿成為自己人生的一部分。透過旅行中的一步一腳印，自己的世界也逐漸拓展開來，當下一次聽到該國新聞時，不再事不關己，而是抱持關心。對於身為媒體工作者的我來說，這些日積月累的知識庫也將成為最大財富吧。

理解陌生的國度，食物是最佳捷徑

這次，我嘗試要在不同於平常的地方，進行與平常一樣的生活。其中，我比較關注的是飲食方面。

有關旅行和飲食的主題，既是永恆不朽，也可以說是陳腔濫調。三十年前，海外旅行本身還是冒險的時代，遊世界吃美食的書就比比皆是了。可是，在資訊爆炸的今天，以情報來講，那樣的書已經沒有什麼意義。

另一方面，我們到哪裡都脫離不了吃，因為食物是維持生命所必需。雖然旅行是有別於日常的體驗，但是「吃」這門學問就和日常息息相關了。然而，在現代人的忙碌生活裡，我們是否只把吃當作例行公事，缺少對食物該有的敬意？或者是活著為生活打拚，卻疏忽吃的重要性。其實，我很多時候也是一面吃東西，一面看書或是寫稿子，甚至是邊走邊吃就打發了。唯獨在旅行時，不用被截稿日追著跑，也不需要開會，我慢慢地品嚐食物，也可以靜下心來思考很多事情。

在旅行散文的類別中，尤以因小說《火宅之人》為人所知的檀一雄（一九一二～一九七六年）所寫的作品最為有趣。他在散文〈早市、午市〉（收錄於《漂蕩的自由》一書）裡如此寫道：「漫步在世界各地的城市中，若沒有體驗當地的飲食，旅行的意義也會變得淡薄一些吧。」的確如此。經常聽到有人說：「旅行就是人生。」而我的解讀是：「旅行就是吃，吃就是人生。」所以旅行才會內化成人生的一部分。因此，飲食在我的旅行中占有極重要的地位。

我會在旅途中尋找當地特有的食物，並且細細品嚐。味蕾被觸發前的想像，與實際品嚐後的感受，無論一致與否，比起日常中習慣被侷限在「味道是否符合期待」的二分法世界，不同的飲食體驗更加充滿意外性，而且開拓我的視野。在旅行中，每次因為食物的美味而感動時，我就會燃起強烈的求知慾，想要知道美味的背後藏著什麼秘密，還會特地去找資料，了解它的歷史和背景，也會詢問當地居民各種問題。於是，在調查過程中，那塊土地、那個國家的歷史社會輪廓就越來越清晰。也就是說，要理解陌生的國度，食物是最佳捷徑。

而且，我認為大啖當地美食也意味著對那塊土地的敬意，不管是哪個國家的料理，味道當然和日本不一樣，很多食物要真的吃進嘴巴裡，才知道它的酸甜苦辣。但是，長久以來受到民眾愛戴的食物，之所以能夠成為國民美食，一定有其理由。不管怎麼說，料理本身也是「適者生存，不適者淘汰」的世界，沒有人氣的料理如曇花一現，來不及被記住就消失了。相反地，那些能夠悠遠流傳的料理，絕對值得深入探究。

身為旅人，我對於眼前的料理總是心懷敬意，因為這些經過漫長歷史淬鍊至今的食物，現在要吃進肚子裡，成為身體能量的一部分。而對美味的感動也化成寫作的動力，我用文字一一記錄下來，不知不覺就集結成這本書。

透過食物，對當地人的生活方式、想法、歷史、文化和思想等，也會有一番新的思考。因此，書名命名為《野島剛漫遊世界食考學》，這些文字就像是餐後甜點般，記錄著我在旅程中的所食所感，與讀者一同分享美好的味覺體驗。

如果可以，我希望能夠健健康康地迎接老年，二十年後我就七十了，希望屆時還有強健的體力和清楚的腦袋可以花上一段時間來環遊世界。那個時候，我也會回顧自己這二十年來過著什麼樣的人生。當我踏上久違的日本時，我一面想像著二十年後在旅途中享受美食的自己，一面期許往後的每一天都能夠活得很充實。

期待下一趟的旅行，噢，不，也許已經開始了。

大啖當地美食，也意味著對那塊土地的敬意。

PART

1

深入田野
的旅食家常

沖繩・與那國島

在與台灣相望的「國境之西」
小島，大啖旗魚

與那國島，距離台灣相當近，只有約110公里，與東京距離則為2,112公里。是琉球列島八重山群島的最西端，也是日本最西端的島。

在飲食方面，與那國島和台灣的最大共同點就是吃旗魚了。我在這裡吃到了美味的炸旗魚，旗魚的TATAKI，與此地獨有的旗魚魚腹肉生魚片。

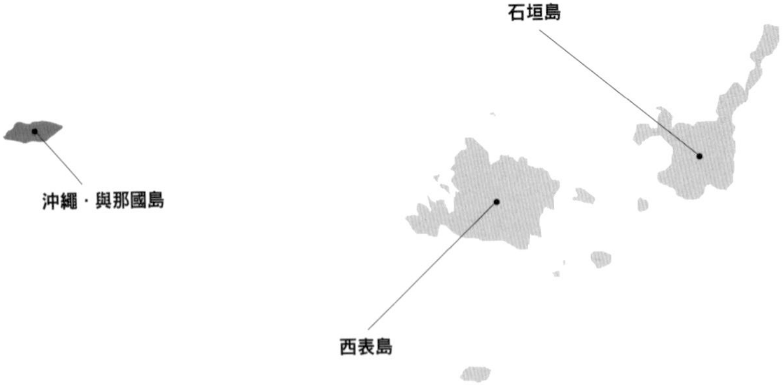

村上春樹的戀愛小說《國境之南、太陽之西》書名取自著名音樂家納京高（Nat King Cole；一九一九～一九六五年）的名曲「國境之南」，歌詞描述的是位於美國南部的墨西哥。

沖繩縣的與那國島是距離東京最遠的離島之一，當飛機降落在被甘蔗田圍繞的小機場時，我最先浮現腦海的，是與「國境之西」距離很近的台灣。與那國島不是日本的最南端（最南端是波照間島），而是最西端的有人島，再往西走，就不是日本的領土了。在與那國島看到的夕陽，也就是在日本當天能夠見到的最後太陽。

吃旗魚是與台灣最大的共同點

台灣本島的形狀經常被形容成「番薯」，而與那國島就像是橫躺的小番薯，全島周長不到三十公里。島上的三大聚落分別為北部的祖納地區、西部的久部良地區、南部的比川地區。商業和行政機能集中在祖納，漁港則位在久部良，人口大約一千五百人。

在飲食文化方面，與那國島和台灣的最大共同點就是吃旗魚了。旗魚是大型洄游魚類，乘著流經兩地海岸的黑潮而來，特徵是嘴吻上顎特別突出，又長又硬又尖銳，而旗魚就是靠著尖嘴捕獲獵物，或者是用來防禦鯊魚等的攻擊，也是個不好惹的魚類。

其實，在日本本島不太吃旗魚，但是越往南走，旗魚就成為重要的蛋白質來源。在台灣，偶爾還會被魚目混珠，把旗魚當作鮪魚來販售。旗魚淡粉紅色的肉身看起來很誘人，可是味道平淡，口感遠不及黑鮪魚或短鮪。在台灣的海產店，最常見的料理方式是將旗魚用蒜味醬醃漬過後油炸，外皮酥脆，肉質扎實，再淋上醬汁食用。

在我心目中，旗魚的肉質還是用油炸的比較美味。所以，在抵達與那國島的第一晚，我到訪了店名非常符合與那國島的居酒屋「露天啤酒屋　國境」，點了招牌的炸旗魚（七百日圓）和包括旗魚在內的生魚片組合（一千五百日圓）。

自衛隊進駐的經濟效益

寬敞的店內空間幾乎客滿，看到現在與那國島的餐飲店到處呈現人聲鼎沸的景象，其實一點都不意外。除了觀光客有一定數量的成長，從幾年前開始自衛隊進駐之後，熱門店家尤其到了晚上更是一位難求，要事先預約才有位子。

我聽到鄰桌客人的對話：「雖然這裡什麼都沒有，但是風景和空氣真的很棒，平常的

上：滑嫩多汁的炸旗魚。下：來一杯加冰塊的泡盛酒「どなん」。

娛樂大概就是鍛鍊身體和上網而已。」像是自衛隊員的兩人對著似乎是剛到任的長官一邊說明島上的生活，一邊把酒言歡。

目前，進駐島上的自衛隊員約有三百人。如果以島上人口來看，確實占了相當大比例。每次一到選舉，有關是否同意自衛隊進駐的議題總是成為贊成派與反對派的爭論焦點。沖繩的與那國島、石垣島和宮古島等，這些被稱為先島諸島的島上，自衛隊的存在感越來越強烈，想當然耳，這是為了強化防禦力以對抗來自中國的威脅。因為近年來，中國對於包括釣魚台（日本稱尖閣諸島）在內的東海野心勃勃，導致雙方局勢緊張。

雖然中國的崛起讓島上面臨新的難題，但也帶來經濟效益。至少對餐飲店而言，自衛隊的進駐讓景氣一下子活絡起來。在那之前，遇到觀光旺季的夏天，生意還過得去，可是到了冬天，除了島民的消費之外，上門客人卻寥寥無幾。

過了一會兒，盤子上擺著滿滿的炸旗魚端上桌了，比我想像的還要美味。應該是把頭、尾、鰭、魚刺等部位都剔除後，只保留肉質結實的魚身裹粉油炸的吧。恰到好處的魚脂讓口感吃起來滑嫩多汁，完全遮掩住旗魚肉味道平淡的缺點，配上沖繩在地的Orion啤酒，真是爽快啊。在沖繩以外的地方喝Orion啤酒，總覺得沒什麼特別，但是到了沖繩，就不能缺少這一味（和外國的啤酒是同樣道理）。

旗魚生魚片和我在台灣吃到的一樣，肉質呈現淡粉紅色，味道也在預料之中。倒是其他魚類的生魚片令我驚豔，島魚、章魚和花枝等皆在水準之上。生魚片用的醬油也混合著當地產的島唐辛子粉，風味俱佳。喝完啤酒，我加點了加冰塊的泡盛酒「どなん」（Donan）。端上來的是小酒杯，「どなん」是酒精濃度高達六十度的烈酒，喝起來味道與高粱酒相近。

從與那國島眺望「高山國」

「どなん」，這個聽起來很響亮的名字是與那國島的古代稱呼，漢字是「渡難」，顧名思義就是自古以來被認為是難以到達的地方。只要環與那國島一圈，就知道不管去到哪裡，基本上都是斷崖絕壁綿延的海岸線，幾乎沒有沙灘。在自然景觀上，也和全島皆為沙灘的石垣島或宮古島大不相同，很難讓人產生浪漫情懷。

現在要到與那國島的航班有在石垣機場或者在那霸機場轉機兩種，我選擇了前者。從東京到石垣的飛行時間為三小時，從石垣轉機到與那國島只要三十分鐘即可抵達，就像是踩踏板一樣，咻一下就到了。到了交通發達的現代，已經不需要冒著生命危險「渡難」了。

但是，以距離來講，還是覺得自己來到遙遠的地方。

與那國島有座「日本最西端之地」的石碑，就設在接近久部良聚落的西崎海岬，除了展望台之外，可以看到偌大醒目的石碑在碧海藍天的襯托下屹立不搖。

石碑背後也載明了與那國島與各都市的距離。

與石垣的距離為一百一十七公里，那霸是五百零九公里，東京為兩千一百一十二公里，而與台灣的距離竟然只有一百一十公里，我再次切身感受到原來台灣是如此地靠近。據說在萬里無雲的好天氣時，可以看得到台灣，而我到訪當天也是陽光普照的日子，內心充滿了期待，然而事與願違，水平線那端連半個影子都沒有。

之後從當地居民口中得知，一年只有四到五天才看得到台灣。冬天放晴的好天氣看到的機率比較高，反而是夏天容易被水蒸氣和雲給遮住，幾乎沒有機會遙望台灣。

相反地，在台灣則完全看不到與那國島，原因在於地形差異。與那國島沒有高山，而台灣光是超過三千公尺的高山就有兩百六十八座，知名的玉山將近四千公尺，高度甚至

與那國島「日本最西端之地」石碑。

凌駕富士山。台灣的山地面積約占七〇％，可以說是高山林立的島嶼。我看到從與那國島方面拍到台灣的照片時，宛如眼前聳立著一座高牆。

過去，台灣被稱為「高山國」的原因也在於此吧。戰國時代的豐臣秀吉（一五三七～一五九八年）派遣使節到被認為是台灣的「高山國」，可是並沒有真正抵達台灣。當時的台灣並沒有統一政權，就算抵達了，相信也會以徒勞無功收場。

捕旗魚名人的傳奇

接下來，我從西崎前往久部良漁港，中午就順道在漁港內附設的「海人食堂」用餐。順帶一提，店的名稱還真是符合以海為生的海島氛圍。我點的是旗魚的TATAKI（調理法的一種，將生魚與蔥末或薑絲等辛香料混合調味），如果是單純的生魚片，總覺得乏味，但是把旗魚肉與蒜末、洋蔥切片和柚子醋等調味後，吃起來真的不一樣，相當美味。加上魚本身就很新鮮，所以味道與高知縣有名的炙燒柴魚相比毫不遜色。

在漁港裡，有一群大嬸正合力把從船上卸貨下來的旗魚分解成一塊一塊，手腳相當俐落，我在一旁也看得相當起勁。體型較大的旗魚，其重量超過兩百公斤以上，因此基本上是採用拖釣。自古以來，與那國島的居民就以捕旗魚維生，搭乘沖繩傳統木造船「鱶舟」勇敢出航。

我在出發前往與那國島之前看了紀錄片《老人與海》（一九九一年），內容描述捕旗魚名人糸數繁（當時八十二歲）的討海生活。他經常因為出海卻一無所獲而煩惱，直到有一天終於釣到一百七十公斤級的大型旗魚，電影也迎來尾聲。紀錄片本身就充滿戲劇效果，意想不到的是在那之後有更驚人的發展。

在那霸舉行首映會時，糸數也從與那國島趕來參加，但是一個月後卻命喪大海，大家都認為也許他是在與巨大旗魚搏鬥的過程中被拖入海裡。這部紀錄片片名取自美國作家海明威（Ernest Miller Hemingway；一八九九～一九六一年）的名著《老人與海》。海明威寫的是小說，而這部紀錄片是真人真事，兩者都是講述老人與巨大旗魚搏鬥的故事。巧合的是與那國島的緯度與《老人與海》的舞台——古巴幾乎相同。

目前，漁港旁的公民館內展示著糸數在死前乘坐的「鱶舟」，也就是他最後乘的那一艘。牆壁上也掛著糸數的畫作。電影裡的糸數沉默寡言，可是受到大家的愛戴，酒過三巡之後，就開心地唱歌跳舞。

當天晚上，我造訪由糸數的親戚經營的居酒屋「島料理　海響」。我點了「ハラゴー」（沖繩方言；意思為魚腹肉）的旗魚生魚片（七百日圓），以鮪魚來講就是富含脂肪的部分。我之前不曾吃過，所以是抱著既期待又怕受傷害的心情吃了一塊，頓時被這樣的美味震懾住，手中的筷子還差一點掉落。魚腹部位的魚肉較軟且油花較多，口感細緻滑嫩。這也是稀少部位，幾乎只在島上就賣完了，與那國島以外的地方是吃不到的。這道菜徹底顛覆了我先入為主的觀念，結論是旗魚生魚片不是不好吃，而是要懂得

上：公民館展示《老人與海》裡的鱶舟。下：在其他地方吃不到的旗魚魚腹肉生魚片。

挑選部位來吃。

這趟與那國島的旅行以旗魚為始，也以旗魚為終。我站在日本與台灣的交界處，希望有朝一日可以從這個島上親眼看見高山巍巍聳立的台灣。

馬來半島

支撐華人嚴酷勞動的滋補佳品——肉骨茶

馬來半島，位於亞洲大陸最南端，是東南亞中南半島的一個主要半島，包含緬甸、泰國、馬來西亞三個國家，新加坡島則位於馬來半島南端。

美食與其食用者的社會階層往往有著密切關係，因扎根在這片土地上的華人勞動力而誕生的肉骨茶，正是最好的例子。

美食與其食用者的社會階層往往有著密切關係。今天誰都能吃到的鄉土料理，過去很可能是特定集團在特定地點，因為特定理由而誕生的。

新加坡和馬來西亞所在的馬來半島有道馳名遠近的美食——肉骨茶（Bak-Kut-Teh）就是一例。對我來說，每次到訪馬來半島，這是絕對不會錯過的一道菜。

美食的背後往往蘊含歷史。而肉骨茶則是濃縮著馬來半島與華人的不解之緣。

切成大塊的帶骨豬肉

肉骨茶，不僅是菜名直截了當，濃郁鮮明的味道也直入心坎。將帶骨豬肉切成大塊，徹底熬煮，用胡椒調味，肉排和湯一起食用——真是無愧於「肉骨」這個名字。而且，通常會沾上以醬油膏和辣椒等調製的醬料，伴著米飯一起吃，真是美味極了。

喝一口湯，胡椒的味道火辣辣地從舌尖傳開來，就像是品嚐一碗撒了很多胡椒的醬油拉麵，吃完麵後，要喝湯時，把沉在碗底的胡椒也一口喝下肚的感覺。

東南亞位於熱帶地區。由於氣候炎熱，當地人往往會在飯菜中放入較多的香辛料，以增進食欲。肉骨茶的味道主要來源是胡椒，這是一種極富東南亞風味的調味料。

在大航海時代，東西方貿易中最重要的商品就是胡椒。達伽馬（Vasco da Gama；一四六〇～一五二四年）憑藉著葡萄牙國王的資助，繞過非洲好望角，發現前往印度的航線，目的就是為了尋找這種與歐洲貨幣等值的高級香料。胡椒發源於印度，產自雨水較少的赤道地帶，後來擴展到馬來半島與印尼蘇門答臘，被大量運往歐洲與中國。

與胡椒運往中國的方向相逆而行的，是從中國流入馬來半島的勞動移民——苦力。肉骨茶正是這些華人為了補充能量而發明的營養豐盛的料理。

新加坡老牌肉骨茶餐廳

在一次搭船的漫長旅行途中，我來到新加坡，一下船就直奔老字號的「亞華肉骨茶」。我曾經在《朝日新聞》新加坡支局工作過，地點位於丹戎巴葛地區，這家餐館就在附近。這裡的港灣設備完備，數萬名港口工人來來往往，隨處可見家常菜館。

其中，「亞華肉骨茶」更是老字號裡的名店，再加上餐館位於港灣入口處，一到中午永遠都是門庭若市。因此，我早上一下船就立即趕過來，十點鐘抵達時，剛好在早午餐之間，幾乎沒有什麼客人。

這家店的湯頭帶著濃濃胡椒味。對於吃什麼都會撒些胡椒的我來說，真是再合適不過了。帶骨豬肉可以選擇肥瘦，所謂肥瘦，並不是指豬隻本身的大小，而是指是否帶脂肪。無論選擇哪一種，帶骨的肉排都煮得相當入味，吃起來柔軟又不失嚼勁，令人驚訝。

新加坡人在外用餐之處，基本上都是在通風的半室外空間。在外面的暑氣和湯的熱氣雙重考驗下，一邊汗流浹背，一邊專注享用美食。每喝一口熱湯，都會感覺到衣服逐漸濕透。但在肉骨茶的味覺魔力下，流點汗完全算不了什麼。

這道料理原本是為了補充在勞動中隨著汗水流失的能量和鹽分而誕生的，但真正吃的時候，反而會流更多的汗，感覺有些本末倒置。

我喜歡這家餐廳，是因為這裡能免費續湯和蒜頭，且不限次數。有些店會貼出「不可續湯」或「可續湯一次」的公告，在這裡我續了三次湯，加了兩次蒜頭。大量熬煮過肉骨和蒜頭的湯汁有著奇蹟般的美味。大蒜煮得很軟，入口即化。飲品方面，我點的是能夠降溫消暑的薏米水。

上：「亞華肉骨茶」是老字號裡的名店。下：吃肉骨茶還能免費續湯和蒜頭。

苦力的能量來源——「燉肉骨」

肉骨茶是南洋華人的原創料理，在中國大陸和台灣吃不到。裡面雖然有帶骨豬肉的「肉骨」，但並沒有茶，那麼為什麼名稱上有「茶」字呢？原來，中文的「茶」不僅包括茶葉而已，有時還有「湯汁」之意。甚至，還有另一個原因是和肉骨茶的淵源分不開的。

南洋華人的主要勢力可以二分為福建派與廣東派，其他還有海南島和客家。肉骨茶的發音是「Bak-Kut-Teh」，由此可知這道料理是出自福建派移民的傑作。

馬來西亞作家林金城對美食頗有研究，他在著作中提到，肉骨茶的誕生要追溯到一九三〇年代的巴生。在馬來西亞首都吉隆坡的郊外，來自福建永春的華人在鐵橋下開了一家小店，專賣燉肉骨。

當時，馬來半島是橡膠的主要產地，在橡膠園工作的苦力經常來這裡吃飯。在南洋豔陽烈日下，要想恢復在嚴酷勞動中消耗的體力，味道濃厚的肉類料理是不可或缺的。於是，這道燉肉骨就成了他們的能量來源。

再者，馬來社會信仰伊斯蘭教，人們不吃豬肉，但當時在英國的統治下，華人與馬來人是被分開管理的。因此，這道豬肉製成的美味佳餚，才得以誕生在馬來人的地盤上。

第一家店極受歡迎之後，類似的店便多了起來。燉肉骨成了當地知名小吃，這個地區也開始被人稱為「肉骨地」。在福建話中，「地」和「茶」的發音都是「Teh」，於是產生混淆，最終形成「肉骨茶」的名稱。

吉隆坡的「黑系」名店

在中華料理裡，肉骨茶屬於藥膳的「中藥湯」，使用生薑、胡椒、枸杞、丁香、肉桂、八角、豆蔻等中藥材下去熬煮而成的湯頭並不會變得濃稠。為了讓材料的味道完全發揮出來，需要長時間慢火熬燉或蒸煮。

在台灣，經常看到小吃店門口放著銀色大型蒸鍋，裡面擺著「苦瓜排骨湯」等各種熱湯。客人點好菜後，店員會從中取出拳頭大小的容器端上餐桌。這與肉骨茶的蒸煮有異曲同工之妙。

還有，鼎泰豐的小籠包雖然有名，但在美食家中評價最高的還是雞湯，大家有機會可以嘗試和小籠包搭配享用。

我去過肉骨茶的起源地——巴生。街上每隔幾十公尺就能看到肉骨茶店，不愧是肉骨茶的聖地，多到令人眼花撩亂，不知道該進去哪家才好。而巴生的肉骨茶有一個特色，就是湯汁是黑色的。

肉骨茶的湯汁大致上可分為「黑系」與「白系」。新加坡的亞華肉骨茶是湯汁透明的白系，而吉隆坡的新峰肉骨茶則是黑系名店，每天一大早，店門口就可以看到大排長龍的人潮。舀起一匙黑色湯汁送到嘴邊，就會聞到比「白系」更加強烈的中藥味，而黑色主要是源於湯頭使用了濃口醬油，例如老抽。

馬來半島的新加坡、檳城、麻六甲等，這些被稱為英國「海峽殖民地」的城市，都是作為海上貿易航線中的港口而發展起來。在殖民統治下，紅茶莊園與橡膠園等場所的勞動力，大多來自於扎根在這片土地上的華人。這些地方除了肉骨茶，還有很多美食能夠展現華人的歷史。

咖哩叻沙與亞三叻沙

其中具有代表性的便是「峇峇娘惹菜」（Baba Nyonya）。華人與馬來人通婚後，男

略帶酸味的亞三叻沙，現在的我更喜歡了。

性後代稱為「峇峇」，女性後代稱為「娘惹」，由此得名。「峇峇娘惹菜」還有另一個名字是「土生華人菜」（Peranakan），即不分男女，在馬來語中泛指土生土長的華人後代而得名。

由於信仰伊斯蘭教的馬來人也吃這種菜，所以裡面不會放豬肉，主要使用魚肉和雞肉。外觀類似中華料理，卻頗具馬來風味，味道較為辛辣，也會用中華料理不常用的咖哩叻沙和椰漿調味。

娘惹菜裡，既有日本近期流行的空心菜搭配「惹味馬來盞」烹煮而成的「馬來蓋空心菜」，也有用魚肉泥和辣椒混合後裹上草葉烤成的「烏達」。而我最喜歡的是麵條叻沙，這是一道非常符合馬來半島風味的美食。

最有名的叻沙共有兩種：咖哩叻沙（Curry Laksa）與亞三叻沙（Asam Laksa）。前者在半島南部分布較廣，後者在半島北部更受歡迎，都是小販中心（Hawker centre）內的熱門美食。

然而，兩者雖然名稱相似，味道卻完全不同。咖哩叻沙將中國麵條和椰子風味的湯汁結合在一起，賣點在於溫和微辣的口味；而亞三叻沙則使用了熬煮的魚湯和類似烏龍麵的麵條，特點在於羅望子等食材的酸味和濃郁的魚味。

「叻沙」在梵語中的含義

在位於吉隆坡中心地帶的餐廳「Ah Cheng Laksa」，可以同時吃到咖哩叻沙與亞三叻沙。細細品嚐之後，我發現自己偏愛後者的味道。以前我喜歡味道純粹的咖哩叻沙，並不喜歡亞三叻沙，但隨著年齡增長，後者略帶酸味的複雜味道征服我現在的味蕾。

年輕時愛吃的菜，現在卻不喜歡；或者是年輕時不愛吃，現在卻為之深深著迷，這並不是什麼壞事，反而有機會體會到不同層面的美好。同樣的道理也適用於旅行吧，年輕時並未感到魅力的地方，待歲月流逝後再次到訪，也會產生不同的感慨與心境。

對我來說，馬來西亞就是這樣一片土地。最初來訪時並沒有什麼特殊感受，但每次來都會增加一些好感。現在，這裡已經成為我安度晚年的候選地之一了。與之相反，隨著年齡增長，我開始對新加坡的生活感到厭倦，越來越容易覺得疲勞。

這道不可思議的料理「叻沙」，在梵語中是「多」的意思，也許是因為混雜了許多種食材的關係吧。梵語起源於印度，而東南亞也是印度文化圈的一部分，接受了從印度傳來的伊斯蘭教與佛教文化。印度與馬來半島之間隔著孟加拉灣與安達曼海，乘船往來僅需數日，梵語成為該地區的通用語，曾經廣為知識分子和商人使用。

有趣的是，「新加坡」這名字在梵語中意為「獅城」，而國民啤酒是「虎牌啤酒」；泰國的國民啤酒則是「獅牌啤酒」，來源於梵語中的「獅子」一詞。

現任與前任總理的身分

讓我們回到華人與馬來人的後代——土生華人的話題。他們在馬來半島上擁有巨大影響力。根據《日本經濟新聞》前新加坡特派員太田泰彥先生著作，新加坡前任總理李光耀有可能是其中一人。如果如此，他的兒子現任總理李顯龍身分自然也是土生華人。

太田泰彥在二〇一八發行的暢銷書《土生華人：推動東南亞的謎之國民》（日本經濟新聞出版社）詳細講解了兩個人的故事。李光耀從未公開表示自己是土生華人的子孫，原因出於他想在超越華人與馬來人身分的新加坡，創造出全新的新加坡人。

然而，想要在主要民族為馬來人（若從民族角度來區分，印尼人也屬於馬來系）且被稱為「馬來之海」的遼闊東南亞海域，創造出以華人為中心勢力的商業都市，難度之大可想而知。李光耀之所以淡化自己的身分，應該是出於政治判斷，目的在於避免人們產生「新加坡是中國人的國家」的印象。

美食中往往蘊含著許多想藏都藏不住的歷史真相。馬來西亞、新加坡所在的馬來半島的有趣歷史，就融合在了肉骨茶、峇峇娘惹菜裡。

緬甸·仰光

一邊喫茶，一邊談著翁山蘇姬
—緬甸的茶店文化

緬甸位於中南半島西部，超過八成民眾信仰佛教，2015年11月8日舉行25年來首次大選，2016年翁山蘇姬成為緬甸國務資政（相當於國家實質領導人）。

在緬甸的飲食文化裡，茶穩坐衛冕者寶座。茶店是緬甸人放鬆休閒的好去處，茶葉沙拉、茶葉拌飯、茶葉炒飯等都是三餐常見的料理。

待在緬甸期間，究竟在茶店裡消磨了多少時光，我已經記不得。到國外出差進行採訪，其實是一件勞心勞力的工作。如果在日本，採訪結束後，回到家就可以好好休息。但是在國外，採訪行程之間出現空檔的話，就只能找個地方打發時間。話雖如此，也不見得可以剛好找到放鬆身心的地方，有時光是要找一間舒服愜意的咖啡廳，也要耗費一番功夫。

放鬆休閒的好去處

在緬甸，可說完全沒有這方面的困擾，所到之處都可以看到茶店的存在。幾乎每個街區都坐落著大大小小的茶店。

緬甸的茶店大部分是開放的半露天空間，放置低矮的椅子和高度及膝的桌子，從早到晚都開著，還提供一些簡單的餐點。即使只是喝杯茶，也沒有時間限制，不用擔心會遭到店家的白眼或催促，偶爾也會看到有人什麼都沒點就坐下來了。這樣的開放性，也體現了緬甸人溫暖迎接他人的友善吧。

茶店在緬甸話裡被稱為「Lahpet Yea Sine」，意思是「賣茶的店」。「Lahpet」是指茶葉，「Lahpet Yea」是指紅茶調製成的緬甸奶茶，「Sine」是指店鋪。雖然也有緬甸奶茶，但是茶店裡提供的基本上是綠茶。

茶店，既是緬甸人放鬆休閒的好去處，同時也是收集、交換情報的地方。從白天開始，就可以看到穿著傳統服裝「籠基」的男性們一邊喝著茶，用認真的表情不斷談論著政治，你一言我一語互不相讓。

我到訪位在仰光市內茵雅湖湖畔的茶店，這裡也是觀光景點之一。坐定後，有位像是研究生的知識青年走進來後問我：「你是日本人嗎？」

接著又說：「為什麼日本政府不多加支持翁山蘇姬呢？」

「不是這樣的，從以前開始，日本人就非常喜歡翁山蘇姬，而且給予大力支持喔。」

「但是，軍方現在想要把翁山蘇姬拉下台。而日本政府跟緬甸軍方的交情似乎不錯，對吧？」

「以傳統來講，日本是同時跟民主化勢力及軍方保持友好關係。分攤風險的話，有時候可以發揮作用。」

「但是，軍方也因為這樣才腐敗不堪啊。」

「現在是中國在給緬甸軍方好處，而不是日本。」

這樣的對話一來一往持續著。加上周圍看熱鬧的人也加入戰局，氣氛更加熱絡。當然，我不會說緬甸話，對方也不會說英文，所以只能依靠一起行動的日文口譯張先生幫忙。

他以前曾經在岐阜縣美濃加茂市的工廠工作過，但因「我是在仰光出生長大的，懷念都市生活」而搬到東京住，在日本總共待了十年左右。他能說一口流利的日文，但口音多少聽得出是岐阜方言。

「謀略」和「演技」的場域

在緬甸，茶店不只是單純喝茶的地方。在角落旁坐著的一群人，一邊盯著手機螢幕，一邊天南地北閒話家常。根據張先生轉述，他們是在聊怎麼投資賺錢的話題。緬甸的存款利率現在為七％以上，就算不投資，把錢放在銀行生利息也很誘人，聽在零利率的日本人耳裡，只能夠大嘆一口氣。他又用半認真的表情開玩笑地說：「沒有簽證的話，國際匯款的手續非常麻煩，還是直接從曼谷搬現金過來如何？」

在茶店遇到的男子，認真和我談論著政治。

若提到緬甸深度遊記的名著，當屬美國女記者艾瑪．拉金（Emma Larkin）的《在緬甸尋找喬治歐威爾》（*Finding George Orwell in Burma*，二〇一二年，衛城出版）。英國作家喬治．歐威爾（一九〇三～一九五〇年）的名著《一九八四》是受到緬甸生活的啟發所寫，而拉金則是探索歐威爾在緬甸的遷移路線，試著體驗他曾經的經歷，內容主要描寫軍政統治下的一九九〇年代，對於理解現代緬甸有很大助益。

我一直往下讀，發現有趣的段

落。根據在亞洲長大的拉金所描述：「選擇茶店的座位要很慎重，因為緬甸人一走進店裡，每個人的目光都會看向那裡，迅速確認是不是自己認識的人。」

緬甸現在言論自由開放，在茶店什麼都可以高談闊論。但是在過去，茶店被視為反體制派的溫床，被視為眼中釘。誰都知道軍方的情報人員會喬裝成客人潛入，監視店內的對話。而且，客人本身也相當清楚可能會被盯上，會故意說一些混淆視聽的言論，真假虛實難辨。

茶店，也是「謀略」和「演技」的場域。

對翁山蘇姬的評價出乎意料

在茶店交錯亂飛的小道消息被稱為「茶店之霧」，拉金如此說道。這樣的形容真是浪漫，可是我問了好幾位緬甸人，他們都沒聽過。或許是因為現在的茶店已經是開放的政治議論空間，所以「霧」的這個譬喻也隨著民主化煙消雲散了吧。

我在茶店裡實際感受到的是，原來大家對於民主化後擔任國務資政兼外交部長的翁山蘇姬的評價，並沒有想像中糟糕。

雖然在少數民族和平與經濟議題、羅興亞人等問題的處理上確實令人憂心，不管是哪一項，成效幾乎都不符合期待。即使如此，民眾依然對翁山蘇姬充滿信心。她的任期還有兩年，如果她率領的「全國民主聯盟（NLD）」在下一次總選舉獲勝的話，就還有五年的任期。她要如何帶領緬甸走向光明的未來，大家還是帶著正面友善的態度默默支持著。

看再多的國際新聞，還是要到當地一趟，才能夠掌握民眾真實的心聲啊。

作為點心的「茶葉沙拉」

很幸運地，我待在仰光期間，有人可以為我介紹當地的飲食生活。曾在大阪外國語大學（現在的大阪大學外國語學部）學習緬甸話，目前在仰光擔任口譯的才女內田愛小姐帶我到仰光的老字號餐廳「Aung Thukha」。

高雅精緻的圓形漆器裡一格一格隔開，就像是水彩用的梅花盤，裡面放著發酵茶葉、炸蠶豆、蝦米等配料。依照個人喜好，各取一些放在碗內攪拌食用的「茶葉沙拉」，緬甸話稱為「Lahpet thoke」。緬甸話裡，和茶有關的字彙多到讓人腦筋都要打結。這種發酵茶葉可以作為前菜，也可以是飯後喝茶時配的點心，單點也行。

茶葉裡含有豐富的兒茶素，我猜想，緬甸人應該很少感冒，也鮮少出現流感肆虐的情形吧。

緬甸料理通常是點一兩道咖哩再加上幾道配菜，搭配主食白飯一同食用，有時候沒兩三下就吃完了。填飽肚子之後，身穿特敏（女性穿著的筒裙）的內田說：「我們來祈禱吧。」馬上起身往後走，我還摸不著頭緒，只好跟在後面，原來大廳裡立著一尊莊嚴華麗的佛陀雕像。

緬甸的佛教徒占了將近九成，所有的生活都與佛教有關，可以說是世界最虔誠的佛教國家之一。緬甸式的祈禱是把頭朝向地板磕三個頭，我也入境隨俗跟著做，祈求：「這趟採訪之旅能夠平安順利結束」「明年出的書能夠大賣」。

在這個國家的飲食文化，茶穩坐衛冕者寶座，地位無可取代。不管是用吃的還是用喝的，無所不在的茶葉令人留下深刻印象。

真的是「吃」茶

在日本的大街小巷經常可以看到「喫茶店」招牌，但對照現實來看，其實存在著雙重矛盾：一是人們到喫茶店主要喝咖啡，二是即使有茶類可選擇，也是用喝的。漢字的「喫」同「吃」字，按字面來講，是「吃茶的店」。「喫茶」一詞，其實源於茶的歷史裡，曾經有過吃茶的風俗。

但是，緬甸的茶店就不會有此矛盾。在茶店，從早到晚隨時提供餐點，發酵茶葉更是不可或缺。

這也是從內田小姐那裡現學現賣的，茶葉在醃漬過後稱為「Lahpetso」。「Lahpet」是指茶葉，「so」則是濕潤之意。或許是因為會在發酵茶葉上淋一些油再食用，所以吃起來不會有澀味，反而覺得滑順可口。

發酵茶葉是用鹽和萊姆來調味，其他配料還有炒芝麻、蝦米、炒花生、炸蒜片、綠辣椒、番茄、炸豆腐、高麗菜絲等，根據店家的喜好來搭配組合。

調理過後的茶葉料理不是「Lahpetso」，而是前面提到的「Lahpet thoke」。雖然是翻譯成「茶葉沙拉」，但是與其說是沙拉，不如說是「茶葉拌菜」更為貼切。

上：將發酵茶葉、炸蠶豆、蝦米等一起攪拌，就是「茶葉沙拉」了。
下：獨特的茶葉炒飯。（內田愛提供）

緬甸的飲食文化是「拌菜」

緬甸的茶葉料理超乎想像地豐富多樣，我的午餐經常是發酵茶葉和飯混合的料理，而且有兩種，一種是茶葉炒飯「Lahpet thamin gyaw」（緬甸話的thamin是米飯，而gyaw是炒的意思），另一種是茶葉拌飯「Lahpet thamin thoke」（thoke有攪拌之意）。飯上面還會放一顆荷包蛋，非常適合作為早餐或午餐。

基本上，我認為緬甸的飲食文化是以「拌菜」為代表，什麼都可以拌來吃，拌飯或拌麵料理比比皆是，當然也有湯拌麵，湯頭整個很濃稠。

緬甸的「魚湯麵」（Mohinga）也是家喻戶曉的傳統美食，把用魚和香茅等調味料熬煮成的濃稠魚湯，淋在煮好的米線上，再放上一些香菜和配料，攪拌均勻後再食用。還有，在緬甸要吃到美味的麵，千萬不可錯過緬甸少數民族撣族的經典美食「撣邦麵」（Shan noodles），這也是拌麵的一種，可以選擇湯麵或乾麵。我完全愛上這種簡單樸實的味道，幾乎每天都要來上一碗。

活在「周邊」的幸運

緬甸的吃茶習慣，據說是從中國雲南省一帶的少數民族傳過來的。有關茶樹的最早原產地，有一說是起源於雲南省的少數民族地帶，茶葉他們本來就是用吃的，緬甸與雲南地方相鄰，想當然耳，應該深受其影響。

順帶一提，即使在中國，直到宋朝為止都還有吃茶的習慣。乾燥後的茶葉放在臼裡搗碎，淋上熱水後食用。

飲茶的習慣是在宋朝傳到日本，起初當然是用「喫」（同吃）的，因為日本的茶道是抹茶，「抹」有搗碎之意。茶葉搗成粉末後，倒入熱水，用茶筅攪拌出湯花，伴隨著茶的香氣「吃茶」，這是日本的茶道。

之後，中國到了明朝，從「吃茶」轉變為「飲茶」，也就是煎茶的飲用方法普及開來，不久後也傳到日本。因此，日本人的生活習慣是飲用煎茶，而茶道文化裡則是食用抹茶。

在中國，日常生活中已經很少有機會吃得到茶葉料理了，但在中國周邊國家的緬甸和日本，至今依然在吃茶。

文化這東西非常有趣，古老的習慣在當地也許失傳了，卻在遠方被傳承下來，而且豐富

「魚湯麵」是家喻戶曉的傳統美食。

了當地文化，這是件幸福的事。我想應該有很多人和我一樣，在緬甸、台灣、日本一邊喝著茶，一邊為自己活在「周邊」感到幸運吧。

如果少了茶，就無從談論起緬甸的飲食文化。至今仍可看到緬甸人在茶店一邊喝著茶，一邊興致高昂地談論翁山蘇姬和軍方的對立將如何發展云云。我看著這樣的光景，對終於站起來的緬甸的將來，也不禁寄予更深一層的期待。

斯里蘭卡・尼甘布

隱藏在咖哩中的鰹節美味

斯里蘭卡原名錫蘭，位於印度東南方，整個島嶼位於印度洋之中。2009年，結束與盤據北部的泰米爾猛虎解放組織長達25年的內戰，全心發展經濟及觀光。

斯里蘭卡最令我驚豔的是咖哩，每一種咖哩都是原創口味，都是用無數種香料自由調製出來，以鰹節為基底，味道千變萬化，與日式咖哩大同小異的味道截然不同。

我一直很期待品嚐斯里蘭卡的咖哩，味道當然與日本咖哩不同，聽說也有別於印度咖哩，風味獨特。二〇一八年初夏，我在乘船旅行的途中，首次來到斯里蘭卡。訪問這個緊鄰印度的小島，是我長久以來的心願。以前我曾數次計畫來這旅遊或出差，但最終都因為緊急採訪等無聊原因而未能成行。

最初在斯里蘭卡的最大都市可倫坡停留的幾天裡，我四處品嚐咖哩。在斯里蘭卡，一天至少有兩餐都是吃咖哩。通常在午餐和晚餐，只要選擇吃當地料理，除了咖哩還是咖哩，根本沒什麼其他選項，因為咖哩店以外的外食店相當有限。

當時，我以為自己很快就會吃膩了，沒想到結果竟然沒有膩，甚至還吃上癮。日本咖哩使用的咖哩塊幾乎大同小異，只要換個食材，就能衍生出牛肉咖哩、蔬菜咖哩、雞肉咖哩等，可是斯里蘭卡的咖哩千變萬化，美味程度令人驚豔。

美味的秘訣在鰹節

通常，在咖哩店點餐後不久，店員就會端餐盤過來，上面擺著三至五種盛在小碗裡的咖哩和白飯（比較庶民的店會直接把咖哩淋在飯上），每一種咖哩都是原創口味，而且是一種食材搭配一種咖哩，在味覺上不會太過混亂。以蔬菜為中心的食材，與用無數種香料自由調製出來的咖哩醬汁一起燉煮，譜出一道道美味咖哩。種類多到不可勝數，每一次都能遇見不同的味道。

還有一件很重要的事，是咖哩醬汁使用的並不是牛肉或豬肉等動物性高湯，而是用日本人在味覺上熟悉的魚貝類作為基底。實際上，我是因為看過漫畫《美食大挑戰》才知道的。

這部漫畫堪稱是我對美食的啟蒙之作，雖然是幾十年前的作品了，但現在科技十分方便，我在電子書閱讀器Kindle找到與斯里蘭卡咖哩有關的一卷，購買後立即重溫一遍。

主人公山岡士郎在和生父海原雄山進行終極／至上的美食對決前，為了提升製作咖哩的廚藝來到斯里蘭卡，見到被稱為「馬爾地夫魚」的鰹魚。後來，他在對決中製作了使用鰹節的螃蟹咖哩，與對咖哩有深入研究的海原戰成平手。

沒錯，斯里蘭卡咖哩的基底幾乎都使用了鰹節（即大家熟知的、製成後俗稱柴魚）。我並不是在用餐過程中強烈感受到它的味道，而是在不自覺中，磨碎的鰹節粉末刺激我的舌尖。

在日本，對斯里蘭卡的飲食文化最有研究的，就是丹野富雄。以前，他在新宿區四谷經營過一家名為「トモカ」（Tomoka）的知名咖哩餐廳，據說斯里蘭卡籍藝人安東維基（Anton Wicky）是這裡的常客。為了收集製作咖哩的香料和食材，丹野經常到斯里蘭卡，甚至精通官方語言僧伽羅語。現在他把餐廳收掉，回到故鄉山形縣生活。

在《南島的咖哩飯》（一九九五年）一書中，丹野如此描述斯里蘭卡咖哩：「以椰子、辣椒、鰹節為基底，加入蔬菜、魚乾一同燉煮，每日和米飯一起食用，相當質樸。」

鰹節與椰子、辣椒並列為斯里蘭卡咖哩的基本元素。順帶一提，印度咖哩並不使用鰹節，而是用優酪乳來引出咖哩味道的深度。那麼，被認為是日本固有食材的鰹節，為什麼會出現在斯里蘭卡呢？

提防過度的善意

帶著這個疑問，我搭車從可倫坡出發前往港口都市甘尼布，車程大約一小時。在僧伽羅語中，尼甘布的意思為「海之街」。在這裡，到處都是能體驗到傳統醫療「阿育吠

上：斯里蘭卡每一種咖哩都是原創口味，而且是一種食材搭配一種咖哩。
下：沙灘變成巨大的曬漁場，目光所及，盡是魚乾。

陀」的旅館。

我在一家名為「茉莉別墅」（Jasmine Villa）的旅館辦理入住手續後，放下旅行裝備，體驗了旅館的招牌服務——阿育吠陀。兩個小時的按摩，加上一個小時的藥草蒸浴，接著在躺椅上排汗兼休息一小時，真是人間天堂。

恢復體力後，我搭乘三輪嘟嘟車前往海岸。越是接近海岸，越是聞得到濃重的海洋氣息。

斯里蘭卡最大規模的魚市就坐落在尼甘布的海岸，剛捕獲的鮮魚被擺放在狹窄的木板上販賣，有不少魚是我從沒見過的，也有些魚似曾相識。其中，看到了一尾尾新鮮肥碩的鰹魚整齊排列著，我向當地人詢問了僧伽羅語的鰹魚怎麼說，但後來忘記了。聽說鰹魚是在近海捕撈到的。

接著，我來到市場旁的沙灘，眼前景象令我難以置信。我從來沒見過如此巨大的曬魚場，原來我聞到的海洋氣息來自這裡。廣闊的沙灘上，目光所及，盡是魚乾，飛魚、鰺魚、沙丁魚，全都在這裡晾曬。

突然間，有一位戴著帽子的四十多歲大叔向我走來，並介紹道：「這是沙丁魚，這是飛魚。你要想看魚乾就跟我來吧。」他帶著我繞了一圈，還好幾次主動為我拍照。我問他這裡有沒有曬鰹魚，他的回答是鰹魚採取特殊製法，不能用日曬。

由於腥味太重，我想早點離開，但他卻問說：「能不能給點導遊費？」果然是來者不善，在外國遇到過度的善意時，務必要小心提防。當我執意要離開時，他開始用僧伽羅語大叫起來，肯定是在宣洩不滿：「我對他這麼好，卻連一點感謝也沒有」之類的吧。然而，路過市場的人對此充耳不聞，我也無動於衷，就這麼離開了。

層層謎團中的鰹節起源

斯里蘭卡市面上販售的頂級鰹節，其實來自馬爾地夫，這也是鰹魚之所以被稱為「馬爾地夫魚」的原因。但是，鰹魚在馬爾地夫當地的消費量並不高，因此品質上等的鰹魚都外銷到斯里蘭卡。

製作鰹節相當耗費工夫，不瞭解鰹魚的特性，是做不成鰹節的。因此，很難想像日本和斯里蘭卡是偶然同時發現鰹節的製法，到底是從日本傳到斯里蘭卡，抑或正好相反呢？目前尚未發現相關記載。

上：市場裡一尾尾新鮮肥碩的鰹魚整齊排列著。
下：鰹節是斯里蘭卡咖哩美味的基底。

日本料理與斯里蘭卡料理的共同之處在於「不使用油類，喜愛麩胺酸（胺基酸的一種）的味道」。連丹野也在著作中提到，斯里蘭卡的料理中沒有化學味道，因為壓根兒就沒想過要用化學調料為食物提味，而是加入了藥草和香料的咖哩，使南國的蔬菜和水果吃起來既美味又健康。

台灣也有使用鰹節作成的料理，例如坊間常見的小吃米苔目，是以白米作為原料製成麵條，其特徵就是使用鰹魚風味的湯汁，還會撒上一些鰹節。雖然台灣位於日本與斯里蘭卡之間的航道，不過食用鰹節的習慣是從日本統治時代傳入的。在台灣漁港捕撈上岸的鰹魚被運送到各地的工廠，加工成鰹節再出口到日本。而在爭議不斷的尖閣諸島（即釣魚台）上也曾經有鰹節工廠，在近海捕撈到的鰹魚直接被送往這裡加工。

手抓飯也是一種樂趣

我在斯里蘭卡吃到最有滋味的咖哩之一，就是放入和榴槤外形相似的波羅蜜咖哩了。波羅蜜被稱為「世界上最大的果實」，在熟透之前被作為蔬菜食用。

訪問魚市的第二天早上，我來到尼甘布的農產品市場。攤販用細長的菜刀將波羅蜜切成小塊，裝在袋子裡販售。看著這些光著上半身的年輕人在大熱天裡不停切水果，我還以為當地人是因為貧窮，所以連波羅蜜的皮都吃。但是，當天下午在我嚐到以波羅蜜為材料製成的咖哩時，才發現這是一種飲食文化，不禁對自己的膚淺加以反省。

在斯里蘭卡，用手抓飯吃是另一種樂趣。在每間餐館裡，即使是用椰樹簡單圍起來的小店，也都會在角落設置洗手的地方。

走入店裡，先洗手，再找地方坐下。左手橫放在桌上，用右手把盤子裡的咖哩和米飯攪拌好放入口中。三四種咖哩中，先分別各嚐一種，再來是兩種混合，最後全部加起來，味道則不斷改變，不同的咖哩組合激發出變幻莫測的風味。用湯匙的話，無法讓咖哩醬汁充分滲入米飯，所以斯里蘭卡的咖哩要吃得津津有味，用手抓飯的吃法非常合理。

夏目漱石筆下的咖哩

順帶一提，最早記錄品嚐斯里蘭卡咖哩的日本人，就是大文豪夏目漱石（一八六七～一九一六年）。明治維新之後，不少日本人為開拓眼界而遠赴歐美，夏目漱石便是其中之一。他在一九〇〇年途經斯里蘭卡，在當地品嚐到咖哩。

在被當作日記本使用的通訊錄中，他寫道：「晚餐吃了當地名產咖哩飯，之後回船。」關於斯里蘭卡的記述只有寥寥這幾個字，至於咖哩飯好不好吃，並沒有留下評論。因此，漱石是如何看待咖哩，也就不得而知了。

後來，漱石在小說《三四郎》中，描寫主角去本鄉街吃咖哩飯的場景。看來，在斯里蘭卡吃咖哩的記憶，應該是深刻烙印在漱石的腦海裡。

日本人是在明治維新之後才吃到咖哩的。英國則是在殖民印度和斯里蘭卡時，接觸到咖哩，並且開發出咖哩粉。之後輸入日本，不久便開發出較為濃稠的日式咖哩，以馬鈴薯、胡蘿蔔、洋蔥等根菜類為食材來搭配。斯里蘭卡的咖哩和日本的咖哩，就好比同樣是肉類料理的牛排和烤肉，雖然是相同食材，味道卻完全不同，像是遠房親戚。

但是，廣受喜愛的咖哩的原型之一，就在斯里蘭卡。與近來逐漸同一化的日本咖哩不同，它具有一種樸素而粗獷的魅力。

偶然遇見的珍寶

直到十年前，斯里蘭卡才結束激烈內戰。多數派的佛教徒僧伽羅人和少數派的印度教徒泰米爾人之間的衝突，因為牽涉到宗教因素，彼此對立根深柢固。泰米爾猛虎解放組織（Liberation Tigers of Tamil Eelam，簡稱ＬＴＴＥ）不斷發起恐怖活動，嚴重影響經濟發展。然而，斯里蘭卡的國民認真而勤勉，糧食產量豐富，還擁有佛教遺址、湛藍沙灘等觀光資源。雖然具有很大潛力，但尚未擠進新興國家之列，令人十分惋惜。

現在，斯里蘭卡迎接飛騰的時刻，推動發展的能量猶如水壩裡蓄積的水，只是該如何活用有待思考。首先，旅遊業能否成功是個關鍵，只是旅館、交通等基礎設施還不夠完備，亟待修建，但只要踏入這個國家，就能體會到宛如珍珠寶石般的珍貴樂趣。

明治時代曾歷任歐美大使的久米邦武（一八三九～一九三一年），他在回國之後創作的《美歐回覽實記》中記錄了自己回日本途中經過斯里蘭卡時的感受：「實乃人間的極樂世界。」久米訪問之時，斯里蘭卡被英國人取名為「錫蘭」（Ceylon），在那之前則被叫作「Serentive」，語源是來自英語的「Serendipity」，意為「意外發現的珍奇事物」。被斯里蘭卡的魅力征服的英國人，從島嶼的名字「Serentive」衍生出了「Ceylon」。

停留斯里蘭卡期間，發現到的優點遠遠超乎想像。吃著健康美味的咖哩，體驗阿育吠陀的排毒醫療，享受生命的美好。要體驗斯里蘭卡，先從這幾件事開始吧！

義大利．西西里島

黑手黨教父最愛的甜點
一西西里起司捲

西西里島位在義大利半島的鞋尖外，是義大利最大的區，同時也是地中海最大的島，各種文化在此混搭，激盪出精彩的人文藝術。

除了「教父」之外，西西里島更有讓人吃不完的美食，尤其西西里起司捲，油炸至金黃色的筒狀外皮，裡面填滿新鮮的瑞可塔起司，在舌尖上交織出完美的二重奏。

我喜歡島嶼，並不是因為自己的名字裡有個島字，而是沒來由地對四面環海的島上風光感到著迷。而且，島嶼就是要搭船上岸，才有旅行的氣氛。如果是利用渡海大橋的話，總覺得有點掃興。搭飛機也不賴，但就像一道期待已久的美味料理，沒有任何前菜就突然端上桌，心情還沒準備好就著陸了。搭船可以一面眺望大海，看著島嶼越來越近的那種感動是難以言喻的，沒有什麼能比得上乘船之旅的浪漫。

義大利半島經常被譬喻為「長靴」，位在鞋尖外的西西里島就像被踢出去的石塊，島的面積介於日本的四國和九州之間。與其說是島嶼，也給人一種大陸般的遼闊感。

大部分的島嶼是正中央有高山盤踞，周圍有零星的平地分布，在那裡形成人口密集的熱鬧市區，西西里島也不例外。從西西里島的第一大城巴勒摩出發，沿著海岸往順時針方向前進，依序有卡塔尼亞、敘拉古、阿格里真托等各具特色的知名大城，以適當距離感分散在沿海地區。

當我決定前往西西里島時，特地先抵達有船班運行的拿坡里，搭上夜行渡輪。頭等艙單人房的價格是一萬日圓左右，相當於住飯店一晚，我覺得非常划算。一大早，睜開眼睛時，渡輪正緩緩駛入巴勒摩的港口。

在舌尖上交織出的完美二重奏

港口的清晨是最美麗的，金黃色的朝陽映落在海面上。在每天湧入大量客船的巴勒摩港，這班渡輪似乎是最早到的，船員朝向岸邊拋繫繩的動作也相當熟練俐落。我的西西里島之旅就在巴勒摩拉開序幕。

租車行還有兩個小時才開門，趁著這個空檔，包括我在內，沒人前來迎接的孤獨旅人們上岸之後，三三兩兩從港口走向大馬路對面的咖啡店好消磨時間。店裡一下子湧入大批遊客，櫃檯前也擠滿點餐人潮，看著蛋糕櫃內琳瑯滿目的甜點，其中最吸引我注意的是圓筒狀外觀，內餡填入白色鮮奶油，上面還鋪了一層雪白色糖粉的點心，看起來相當誘人。

這是西西里島的經典傳統甜點「西西里起司捲」（Cannoli；又稱瑞可塔起司捲），我也點了一杯雙份義式濃縮咖啡。在不管吃什麼都讓人吮指回味的西西里島，這是我的第一餐，它的美味就像突如其來的重重一擊，讓人毫無招架之力。

雖然是這裡再普遍不過的甜點之一，可是在日本的義大利餐廳卻鮮少看得到。油炸至金黃色的筒狀外皮，裡面填滿新鮮的瑞可塔起司，酥脆外皮加上綿密鬆軟的內餡，在舌尖上交織出完美的二重奏。

細細品嚐每一口咬下去的滋味，多層次的甜味在口中激盪著。總結，就是一個字「甜」，和香濃醇厚的義式咖啡相當搭配。我一邊吃著，想到這該不會是從伊斯蘭世界傳入的味道吧。因為我在中東地區吃到的甜點，好像是為了抒解禁止酒精的鬱悶，總是甜度驚人，真是甜死人不償命。而且，西西里起司捲裡也吃得到在伊斯蘭圈廣泛使用的開心果碎。

瀰漫著伊斯蘭文化的氛圍

西西里島從希臘人時代開始逐漸興盛，看地圖就可以明白箇中原因。義大利半島突出至地中海之中，而西西里島又位於更前端，與對岸的北非突尼西亞是眉睫之內的距離，占有重要地位。

我必須承認這趟西西里島之旅，收穫遠遠超出我原本所期待。原本受電影《教父》的影響至深，先入為主地認為這裡是「黑手黨（Mafia）之島」，缺乏深厚的歷史文化底蘊，其實不然。

「西西里起司捲」擁有多層次的甜味。

實際上，我在西西里島親眼看到的地景風貌完全不劣於義大利本土，甚至可以說，文化或建築方面的洗鍊風格還在義大利本土之上，也意味著島上的經濟曾經繁榮富庶。因為當生活寬裕了，就會出現贊助者去推動文化的發展。其中，最讓人大開眼界的是西西里島整體瀰漫著伊斯蘭文化的氛圍。

九世紀，阿拉伯人開始統治西西里島，進入伊斯蘭的黃金時代。但是，至少在這個時代，一神教的伊斯蘭教徒和基督教徒在這座島上和平共存，並沒有實施強制更改宗教信仰。

像是位於蒙雷阿萊鎮的巴勒摩主教座堂，建立在俯瞰整個巴勒摩市美景的山坡上，建築風格融合了歐洲文化與伊斯蘭文化，而這座教堂裡裡外外使用的馬賽克磚總面積是世界第一。雖然是描寫《舊約聖經》的故事，但是登場人物的容貌總覺得有點像阿拉伯人，還有貼滿地板和牆壁的馬賽克磚也是不崇拜偶像的伊斯蘭教徒所留下。

雖然說是基督教的宗教畫，但是包含拱頂的耶穌基督像在內，整體容貌看起來也與阿拉伯人不無相似之處。說不定，實際上耶穌基督的長相就是這般模樣呢。因為現在大家所熟悉的耶穌像，是歐洲文明出於對古希臘羅馬文化的憧憬所繪製而成的。

這座教座的四周有好幾間咖啡廳，可以一面享受西西里島美食，一面從山坡上將巴勒摩市的景色盡收眼底。我走入其中一間，再度點了西西里起司捲。我把起司捲的內餡改成卡士達醬，但還是一樣甜。幸好我另外加點起源於西西里島的義式冰沙「Granita」，酸甜清爽的滋味剛好消除起司捲的甜膩感。

以農村為基礎發展而成黑手黨

在教堂廣場，有攤販在販售電影「教父」的T恤，圖案是馬龍．白蘭度飾演的黑幫老大——維托·柯里昂。不用多作說明，相信大家對於以西西里島黑手黨為題材的電影「教父」三部曲都耳熟能詳，雖然馬龍·白蘭度只出現在第一集，但是他的存在感卻遠遠勝過第二、三集的艾爾·帕西諾所飾演的第二代黑幫老大麥克·柯里昂。

位在巴勒摩的「馬西莫劇院」是義大利規模最大的劇院，與法國巴黎的加尼葉歌劇院並列為最具代表性的歐洲歌劇院。這裡也是電影「教父3」的重要場景，吸引了世界各地的教父迷前往朝聖。

「教父3」裡，麥克的敵對勢力老大在馬西莫劇院觀劇時遭到毒殺，使用的就是「西西里起司捲」。有一幕是年邁的麥克在劇院門口親眼目睹愛女遭到埋伏的殺手誤殺，中彈後倒下的橋段，艾爾·帕西諾的無聲嗚咽令人不寒而慄。我坐在劇院門口的階梯上，沉浸在西西里島初秋的涼爽空氣中，電影裡的片段像跑馬燈一樣在腦海裡一幕幕閃過。

從巴勒摩出發，開著租來的車子一路往南，過了一個半小時左右，抵達了被稱為黑手黨故鄉的柯里昂鎮，人口約一萬人，規模也不小。電影裡登場的教父即出身柯里昂家族，這個鎮上以前也確實出現過很多黑手黨，不過他們沒有人姓柯里昂。

西西里島是農業社會，溫暖的丘陵地帶盛行畜牧和農業，開車兜風可以看到沿途的番茄園、橄欖樹、歐洲榛樹等綿延不斷，以及牛羊成群的豐饒景象，令人印象深刻。

伊斯蘭王朝被滅了，諾曼人建立起強盛的王朝，可是當王朝滅亡了，西西里島陷入衰頹。為了防範山賊侵擾，那些被雇用來當護衛的人一手拿著槍，守護村民的安全和農田作物，自然而然地組織起來後，成為黑手黨的原型。

他們和其他黑幫組織的差別在於以農村為根基，因此非常重視家族和幫規。以日本來說，是替天行道的俠客世界。所謂的家族，並非是有血緣關係的家人，而是指與集團有關的所有成員。親吻黑幫老大的手背，也意味著在得到庇護的同時，背負必須忠誠的義務。

來到柯里昂鎮，並沒有看到像是黑手黨的人在街頭徘徊，在市中心的政府機關旁，甚至還設立了倡導「反黑手黨」的C.I.D.M.A.（Centro Internazionale di Documentazione Sulla Mafia e Movimento antimafia）展覽館，裡面紀念著兩位勇敢的法官。他們曾經揭發多起官黑勾結，收集犯罪事證，積極逮捕黑手黨幹部，可惜在一九九二年先後遭到汽車炸彈襲擊而身亡。直到一九七〇年左右，西西里島的警察和黑手黨之間還經常發生嚴重衝突，以暴制暴的惡性循環不斷上演，裡面展示許多被殺害的警察和司法人員的照片。

上：「馬西莫劇院」是電影「教父3」的重要場景。下：黑手黨的故鄉柯里昂鎮。

我們外人或許可以一派輕鬆且語帶憧憬地談論黑手黨，可是真正生活在西西里島的人民，當然希望徹底消滅反社會勢力的黑手黨，建立起和平法治的社會，而不是活在心驚膽跳之中。

米其林二星的名店Duomo

從柯里昂鎮往南，開了兩個小時山路，沿著海岸往東前進，就可以抵達拉古薩，一個人口約七萬人的小城。整座城市被指定為世界遺產，各式各樣的巴洛克式建築依山而建，高低錯落有致，街道整體就像是藝術品般，散發出典雅華麗的氣息。

在拉古薩，我到訪了不可錯過的米其林二星名店「Duomo」。雖然是位在教堂後方的小餐廳，聽說世界各地的美食家到訪拉古薩，就是為了一飽口福。我事先預約的午餐是只要四十五歐的便宜套餐，使用當地的新鮮食材，採西西里島式的烹調方法，從開胃菜到甜點，每一道都是令人驚豔的美味。

毫不意外，最後一道甜點又是西西里起司捲，但內餡是使用柑橘醬和冰淇淋，細緻優雅的甜味完全不膩口，和之前吃過的味道天差地遠。原本已經吃膩西西里起司捲的我，內心也為這般美味澎湃不已。

除了「教父」之外，西西里島其實充滿了驚奇，更有讓人吃不完的美食。而且，不管去到哪裡，都可以看得到西西里起司捲的蹤影。在日本的話，就像到處都有在賣御手洗丸子（淋上醬油的烤糯米糰子）或者是鹽大福（包裹紅豆餡的鹹味麻糬），代表都是相當貼近庶民生活的傳統點心。西西里起司捲的甜味還停留在舌尖，我再度返回巴勒摩港，搭乘夜行渡輪前往下一個目的地——北非的突尼西亞。

突尼西亞・突尼斯

「阿拉伯之春」起源地的「鮪魚」和「伊本・赫勒敦」

突尼西亞位於非洲大陸的北端，面對地中海，超過九成的人口信仰伊斯蘭教，是「阿拉伯之春」運動中唯一實現民主轉型的國家。

突尼西亞的料理中，鮪魚幾乎無所不在。超級庶民料理「鷹嘴豆湯」、令人銷魂的「炸三角餅」，油漬鮪魚搭配哈里薩辣醬，都是我想牢牢記住的美味。

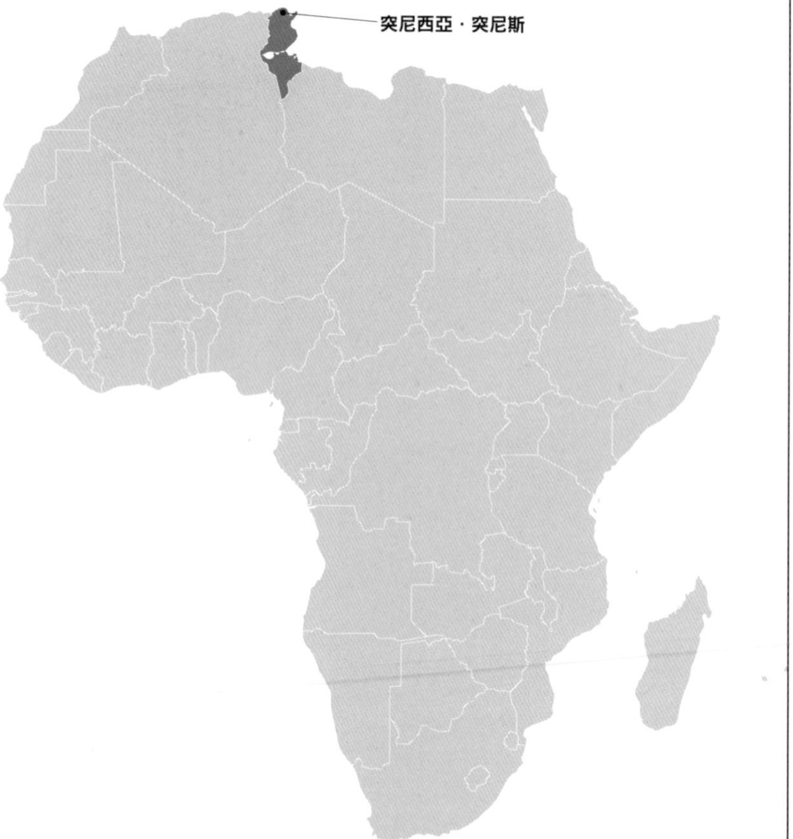

シーシーシーシー　シーチキン♪

（嘻嘻嘻嘻　喜金雞♪）

シーシーシーシー　シーチキン♪

（嘻嘻嘻嘻　喜金雞♪）

羽衣食品（Hagoromo Foods）是日本最大的食品加工廠之一，去年為了紀念公司的主力商品喜金雞（シーチキン）鮪魚罐頭系列發售六十周年，製作了廣告歌曲《喜金雞之歌》，配合宮崎葵的甜美笑容，令人印象深刻。雖然由她擔任店長的「喜金雞食堂」是虛構舞台，但是待在北非突尼西亞期間，這首歌的旋律一直在我腦海裡盤旋。

不過，那也是沒辦法的事。因為我身處在三餐都出現鮪魚罐頭的突尼西亞，而且「喜金雞食堂」（以鮪魚罐頭作為食材的餐廳）還真的存在呢。

慘澹收場的「阿拉伯之春」

突尼西亞位於面向地中海的北非正中央處，鄰國為阿爾及利亞和利比亞，地中海對岸的義大利也近在咫尺。國土屬南北縱向分布，面積約十六萬三千六百平方公里，相當於日本的五分之二左右，人口約一千一百萬人。在沙漠地帶寬廣的北非裡，和其他國家相比，突尼西亞在農業和漁獵方面以高生產力著稱。

自古以來，突尼西亞作為地中海貿易的中心地而興盛起來；這裡同時也是在羅馬崛起以前，稱霸地中海上最強大勢力的迦太基帝國（西元前八世紀～前一百四十六年）的發源地，是不容輕蔑的國家，偉大將軍漢尼拔的榮光依然為人津津樂道。

現代的突尼西亞再度受到世界矚目，則是因為由此發跡的「阿拉伯之春」不僅影響了阿拉伯世界，一連串的革命浪潮甚至席捲中東地區。二〇一一年一月，在大批民眾的反政府示威運動下，成功推翻長期實施獨裁統治的班・阿里（Ben Ali，一九三六～二〇一九年）政權，轉型為民主體制，至今已經屆滿八年。

但是，「阿拉伯之春」在突尼西亞以外的國家卻是慘澹收場。既有陷入無政府狀態或者動盪不安的國家，也有像埃及那樣的國家，政權的弱體化反而讓伊斯蘭激進派有機會趁虛而入且擴大勢力，也讓包含軍方在內的威權主義體制重新復活。「阿拉伯之春」進入嚴峻的冬天，唯獨突尼西亞不同。

這一點在踏入突尼西亞的第一步就可以明顯感覺出來。首先，人民的表情很開朗，女性也都充滿活力，整體呈現了生氣蓬勃的氛圍。雖然，從獨裁政權和平過渡到民主體制之後也遭遇諸多考驗，局勢很難說是完全風平浪靜。然而，突尼西亞有辦法免去軍方干涉或者是獨裁勢力的抬頭，孤軍奮戰往民主之路前進，由四個公民團體組成的「突尼西亞全國四方對話」能榮獲諾貝爾和平獎的殊榮受之無愧。

散發獨特光芒的「鮪魚」

過去，突尼西亞曾受義大利（古羅馬、拜占庭帝國）和法國等國殖民統治，不管是哪一國都擁有享譽國際的飲食文化。雖然是以伊斯蘭教為主體的國家，在食材上有所限制，但是在伊斯蘭圈裡，突尼西亞的海鮮料理或鄉村美食都足以與土耳其媲美。

其中，令人意想不到的是用鮪魚罐頭就可以做出千變萬化的美味料理，在餐桌上散發出獨特光芒。

不管在日本或其他哪一個國家，鮪魚通常是最佳配角，鮮少成為料理主角。我非常喜歡「鮪魚沙拉飯糰」，還有速食店「SUBWAY」的鮪魚潛艇堡，之所以覺得美味，關鍵在於它們使用的油漬鮪魚，油分會滲透到米飯或麵包裡，吃起來風味倍增。

但是，鮪魚在突尼西亞幾乎無所不在，其壓倒性的存在感遠遠凌駕一般國家。五花八門的吃法讓人大開眼界，正確地說，應該是鮪魚在所有料理裡都可以軋上一腳。在突尼西亞的每一餐，很難逃離鮪魚的「魔掌」。雖然沒有具體統計數字，若以我的感覺來說，世界上鮪魚平均消費量最高的，應該非突尼西亞莫屬吧。

超級庶民料理「鷹嘴豆湯」

抵達突尼西亞的夜晚，肚子有些餓了，我去街上覓食。已經過了晚上十點，大部分店家都已關門，剛好看到一間燈還亮著的食堂，裡面空蕩蕩，一位年輕大哥在裡面閒著發慌，於是我走進去看看有什麼吃的。關於突尼西亞料理，我事先完全沒有做功課，只能用手指比劃著海報上的料理照片點餐。

先把法國麵包捏成碎塊放入平底的陶瓷碗內，淋上燉煮好的鷹嘴豆和湯汁，接著加上檸檬、孜然、哈里薩辣醬等各種調味料後，再放入一顆半熟蛋。你以為這樣就完了嗎？不，最後還豪邁地放入大量鮪魚。之後，店員把這碗「鷹嘴豆湯」（Lablabi）端上桌時，用手勢指示要「攪拌混合」後再吃。

上：超級庶民料理「鷹嘴豆湯」。下：一般沙拉上再撒上鮪魚的「突尼西亞風沙拉」。

我用湯匙攪拌均勻直到碗底麵包都沾上顏色，吃了一口，柔軟綿密的口感令人驚豔，長途飛行的疲累頓時煙消雲散，尤其鮪魚的香氣和滑潤不膩口的橄欖油，譜出絕妙的好滋味。之後，我才知道對突尼西亞人而言，這一道超級庶民料理「鷹嘴豆湯」是「肚子有點餓時的最佳良伴」。

突尼西亞的偉大人物——伊本．赫勒敦

想當然耳，我不是為了吃鮪魚才來到突尼西亞的，甚至行前準備時，沒有任何一本旅遊書曾介紹到突尼西亞是「鮪魚罐頭國家」。通常提到突尼西亞，一般人立刻聯想到的是以《歷史緒論》一書名留青史的伊本．赫勒敦（Ibn Khaldun；一三三二～一四〇六年）。

伊本．赫勒敦是十四世紀活躍於突尼西亞的歷史學家，也是政治家。他留下的《歷史緒論》可說是歷史學和社會學的先驅，自古以來受到歐洲許多歷史學者的推崇和讚賞。若是討論內容的話，又是另一個生硬艱澀的話題了。簡言之，身為歷史家兼政治家的他也追求世俗的權力，經歷八個伊斯蘭王朝，他的辯才無礙擄獲許多國王的心。

《歷史緒論》堪稱是他的人生結晶，一開始讀會覺得吃力，一旦上軌道，反而欲罷不能，這就是經典名著的魅力。尤其可以清楚瞭解到伊斯蘭世界的共同體意識如何結合與對立。我在中東地區進行取材時，一有空閒就埋首於岩波文庫版的《歷史緒論》，一讀再讀。

伊本．赫勒敦的銅像就矗立在突尼西亞首都突尼斯的大街上，他一手拿著書，目光炯炯凝視前方。正前方有座偌大寫著「I ♡ TUNIS」的雕塑，讓人感受不到任何權威。如果突尼西亞設立一座伊本．赫勒敦紀念館，應該也會受到遊客的歡迎吧，可惜沒有。因為比起在自己國家，他在海外似乎受到更廣泛的尊敬。

只是在十四世紀時，能夠誕生伊本．赫勒敦這樣偉大人物，是因為這個國家擁有高度的文化水準，也意味著突尼西亞曾經是地中海世界的中心之一。

令人銷魂的「炸三角餅」

突尼西亞也繼承了法國的咖啡文化。在可以看到銅像的咖啡廳內，我點的披薩上也使用大量鮪魚。菜單上明明寫著「突尼西亞風沙拉」，也不過是一般的沙拉上面再撒上鮪魚而已。詢問了店員之後，得到的回答就是「鮪魚就是『突尼西亞風』啊」。

在日本，披薩和鮪魚的組合並不稀奇，但是這裡使用的鮪魚量實在有點驚人。這也印證了「鮪魚罐頭食堂」的一幕。

在突尼西亞，法國的麵包文化也根深柢固。通常在等待餐點上桌前，店家會提供切成輪狀的法國麵包和「哈里薩辣醬」，而且一定會附上油漬鮪魚，這是他們的用餐習慣。哈里薩辣醬除了辣椒之外，還使用蒜泥、薑和其他藥草來提味，和油漬鮪魚的搭配簡直天衣無縫，再加上有嚼勁的法國麵包，超乎想像的美味讓對前菜沒什麼期待的我也為之改觀。

在諸多鮪魚料理裡，最令我著迷的是「炸三角餅」（Brik）。三角形餅皮內，包裹著鮪魚、馬鈴薯、洋蔥、煎至半熟的雞蛋等餡料，整個下去油炸。外皮酥脆，內餡滑嫩，濃稠的蛋黃更是起了畫龍點睛之妙，強烈刺激日本人的味覺。突尼西亞人很喜歡吃半熟蛋，或許一開始是受到法國影響，後來發展出多道屬於自己的傳統美食。

不管是哪一間餐廳的炸三角餅，幾乎無一例外包裹著半熟蛋和鮪魚內餡。在金黃色的外皮擠上檸檬汁提味，再沾上哈里薩辣醬食用，真是幸福時刻。在突尼西亞期間，我幾

突尼斯大街上伊本．赫勒敦的銅像。

乎每天吃一個炸三角餅，想把這樣的美味牢牢記住。

突尼西亞的伊斯蘭化

在餐廳內，周遭也有多組女性顧客正悠閒用餐。突尼西亞是少數在伊斯蘭圈裡用法律規定一夫一妻制的國家，識字率高達九十九％，女性的社會地位相當活躍，像是醫生比例就以女性居多。走在街上，覺得她們的表情很開朗，這並不是說其他伊斯蘭國家的女性就很灰暗，但光是女性可以輕鬆自在地外出這一點，突尼西亞確實很特別。

一九五六年，突尼西亞從法國獨立之後，長期以來受到世俗派政權統治，也造就了今日的人文國情。然而，近年來一直受到威權主義政權壓迫的伊斯蘭激進勢力開始抬頭，即使是為「阿拉伯之春」打響第一炮的突尼西亞，也面臨到前所未有的威脅。

在這樣的脈絡下，二〇一五年發生巴爾杜國家博物館槍擊案，造成包含三位日本人在內的二十二人遭到武裝分子殺害。這座位在突尼斯郊外的博物館，以珍藏瑰麗多彩的鑲嵌石貼畫（馬賽克）而聞名，也是外國遊客必定造訪的景點之一，卻成為伊斯蘭激進分子的狙擊目標。

博物館的入口刻著對罹難者的追悼文，其中也包含那三位日本女性的名字。

超市裡的巨大鮪魚罐頭

博物館附近有法商大型超市「家樂福」，所以順道過去看看。一走到鮪魚罐頭商品區，壯觀景象讓我眼睛為之一亮，一整排架上全都是鮪魚罐頭，有多達數十種不同牌子，其中家庭號的鮪魚罐頭更讓我目瞪口呆。最大罐的容量有二．五公斤，我查了日本羽衣食品的網頁，業務用的最大容量是一．七公斤，那表示突尼西亞一般家庭所消費的鮪魚罐頭甚至超過日本餐廳的使用量，這麼一想，確實很驚人。

突尼西亞的伊斯蘭化也影響到民生層面。過去，在大型超市裡可以買到《古蘭經》禁止的啤酒和豬肉，但是現在卻消失得無影無蹤。原因是網路相當發達，有民眾上網告發，還引發抗議行動。

但是，要說一味走向伊斯蘭化，導致像隣國利比亞那樣局勢一團亂的話，其實不然。突尼西亞在民主化和伊斯蘭化之間謀求微妙的平衡，致力維持現狀。

或許是因為這個緣故，入境審查也格外嚴格謹慎。雖然日本人不需要簽證，但是職業、旅行目的、住宿地點等我就被詢問了十分鐘以上。包括行李箱的安全檢查，還有背包最裡層都被翻過一遍。就是為了防止那些被伊斯蘭國招募的年輕人滲透進來。

「阿拉伯之春」的精神在這個國家依然存在，也許因為其市民社會原本就存在著世俗的一面，財富分配並沒有嚴重失衡，還有繼承伊本・赫勒敦傳統的知識階級已經扎根吧。這樣的突尼西亞，和大快朵頤地吃著美味鮪魚時的燦爛笑容相當匹配。

在突尼西亞的沙漠。

突尼西亞駐日大使館賞了閉門羹

為什麼突尼西亞人會那麼喜愛鮪魚呢？我詢問好幾位遇到的突尼西亞人，對方總是露出困惑的表情，像是在說：「你怎麼會問這種問題？」可是，好奇心會殺死一隻貓，我向突尼西亞的駐日大使館發了電子郵件，裡面問道：「想請教為什麼突尼西亞人如此愛吃鮪魚呢？……」

這是我第一次向駐日大使館詢問這種問題，原本期待會有善解風土人情的人給個幽默答案，卻只收到「將會閱讀您的詢問內容」，就沒下文了。其實，這一記閉門羹也不令人意外。

突尼西亞人對鮪魚的執著，就像日本人如果被問到：「為什麼喜歡味噌？」「為什麼許多食物都要沾醬油吃？」時也會感到困惑，因為太過理所當然，要回答反而很困難。

近年來，國際社會開始重視全球鮪魚過度捕撈的問題，雖然不曉得鮪魚罐頭能夠持續生產到什麼時候，但是只要能吃到鮪魚，突尼西亞的飲食文化就得以繼續維持下去吧。位在面向地中海的北非之地，「鮪魚罐頭食堂國家」的未來，說不定就寄託在鮪魚資源管理的命脈上。

保加利亞

優格
是一種國家認同

保加利亞位於歐洲東南部巴爾幹半島上，一九九〇年共產黨政權垮台，由一黨制轉為多黨制，但近二十年來，面臨著人口從九百萬減至七百萬的嚴重流失考驗。

在保加利亞，不管是哪一餐，一定會有一兩道菜混合著優格，優格彷如萬能調味料，如小黃瓜優格冷湯、優格沙拉、蓋著滿滿優格的慕沙卡，都是爽口不甜膩。

不管是誰，在生活中總會有一兩種嗜之如命的食物。對我而言，優格就是其中之一。

我通常是以兩天一次的頻率在早上吃優格，這個習慣已經維持二十年左右。如果沒有時間吃早餐，至少會到超商買個優酪乳喝。優格的吃法其實千變萬化，我尤其喜歡在優格上面淋一些蜂蜜，這種甜味與酸味結合的味道，怎麼吃也吃不膩。優格就像是每天固定會打聲招呼的鄰居般，如此熟悉和自然。

這樣的我，當然會希望有朝一日能夠到傳說中的優格發源地——保加利亞朝聖。對日本人而言，對保加利亞的印象幾乎和優格密不可分。為什麼日本人會把保加利亞視為優格的國家，有一大原因是日本最初販售的原味優格商品名稱是「明治保加利亞優格」（販售初始是使用「明治原味優格」）。

一九七〇年舉辦的大阪萬國博覽會，「保加利亞館」展出優格，而「明治乳業」以此為基礎，開發了「保加利亞優格」的商品，非常熱賣。因此，日本人幾乎把優格和保加利亞劃上等號。

從伊斯坦堡搭夜行火車前往索非亞

但是，保加利亞人真的都在吃優格嗎？我抱著強烈的好奇心，從土耳其的伊斯坦堡搭乘夜行火車出發。伊斯坦堡，也是過去橫貫歐亞大陸的「東方快車」（Orient Express）的起始站。

我選擇四人一間的包廂臥鋪，價格大概是三千日圓。四節車廂坐了七成左右的乘客，有一半是外國遊客。晚上九點出發，除了半夜跨越國境時，被海關人員叫起來查驗身分之外，其他時間幾乎都在睡覺，是非常有效率的移動方式。花了大約十二小時，進入保加利亞的首都索非亞。

火車一到站，我立刻奔往咖啡廳，看到店內冰箱裡放著一瓶瓶像是優酪乳的乳白色飲料。我買來喝看看，味道是鹹的，而且沒什麼優格的酸味。與日本常見的濃稠優酪乳大不相同。

這是被稱為「愛蘭」（Ayran）的飲料，總之就是把鹽放入優格減輕酸味，並且用水稀釋而成。我起初不太習慣這個味道，但是每次用餐時都喝上一杯，漸漸愛上這種清爽的滋味，剛好與油膩膩的保加利亞料理非常搭配。根據不同的製造商，愛蘭的濃度和鹹味也會改變，真希望未來在日本也能夠喝得到。

人口在二十年間減少四分之一

關於保加利亞，除了優格以外，其他事在日文書裡或網站上幾乎一無所獲。儘管位在被稱為歐洲火藥庫的巴爾幹半島，但是不像前南斯拉夫那樣戰亂頻仍，因此鮮少出現在新聞報導或書籍上。直到一九九〇年共產黨政權垮台，保加利亞才又再次躍上國際新聞版面。

若說保加利亞人就此過著安穩又知足的日子嗎？那又不然。保加利亞的人口正以驚人的速度銳減中，這殘酷事實說明了一切。

在這二十年間，保加利亞是全球人口嚴重減少的國家之一。與共產黨政權垮台當時的九百萬人相比，現在降至七百萬人，減少將近四分之一人口。

這次的人口減少率不僅超過第一次世界大戰，甚至有專家認為足以與十四世紀導致歐洲人口銳減至三分之一的黑死病相匹敵。如果今後人口減少的情況沒有改善，保加利亞將會瀕臨國家滅亡的危機吧。

上：搭了12小時的夜行車，到達首都索非亞。
下：傳統料理優格冷湯。

對國民實施高壓統治而走向自我毀滅的共產黨政權崩解後，社會的整體氛圍應該會變得正面樂觀，經濟也一片活絡，不是嗎？但是，這種想法至少對部分東歐國家並不適用，反而是社會呈現蕭條景象。

導致人口減少的原因有兩個：其一是為了謀職和求學等移民海外的趨勢快速成長；其二是出生率低迷造成人口自然減少。民主化之後的一九九五至二〇〇〇年，出生率為〇．八％，已經創下全世界最低水準，連日本、韓國等低出生率的亞洲國家都比保加利亞更高。

但是，保加利亞並不是沒有希望的國家。因為食物美味、氣候溫暖宜人、國民的文化水準高、物價又便宜，在索非亞街頭上隨處可見被它的魅力吸引而來的外國遊客。重視生活品質，移居保加利亞的外國人也在增加。究竟保加利亞能否重新站起，抑或是因為人口減少而衰頹，這是跟時間賽跑的問題。

以玫瑰和色雷斯人墳墓聞名的城鎮

在首都索非亞悠閒停留數日後，我開著租來的車子前往距離大約兩百五十公里的希普卡山口。這裡過去是俄土戰爭（一八七七～七八年）的激戰地，俄土戰爭，顧名思義是俄羅斯和土耳其的戰爭，但是保加利亞的義勇軍也參與其中。因為俄羅斯勝利，鄂圖曼土耳其帝國只好承認保加利亞的獨立，這也是一場保加利亞人取回尊嚴的戰役。

經由保加利亞到羅馬尼亞的道路中繼站，跨越希普卡山口，就可看到歐洲第二大河多瑙河。在如此具有紀念價值的希普卡山口的入口，有座名為卡贊勒克的城鎮，以玫瑰和色雷斯人墳墓聞名。在全球玫瑰精油市場上，保加利亞的玫瑰擁有極高的市占率。每年到了五、六月，卡贊勒克一帶到處都是玫瑰爭奇鬥豔地盛開，也會舉辦收穫祭典。色雷斯人則是曾經在保加利亞境內居住過的原住民，墳墓則到了二十世紀才被發現。尤其以美麗的壁畫為人所知，但是因為有風化危險，所以到訪當地也沒辦法看到實際作品。

作為萬能調味料的優格

抵達卡贊勒克時也接近中午了，飢腸轆轆的我先找個地方吃午餐。色雷斯人墳墓附近，有一間名為「Magnolia」的餐廳，我點了小黃瓜優格冷湯「Tarator」、優格沙拉「Snejanka」。優格冷湯是把小黃瓜、蒜頭、蒔蘿等放入優格裡，再用鹽和胡椒調味的傳統料理。而優格沙拉是小黃瓜、蒜末、胡桃等食材和優格均勻攪拌而成。小黃瓜是優格料理的好夥伴，經常一起出現。

基本上，保加利亞料理的沙拉味道相對清淡，通常會依據個人喜好添加鹽、胡椒、橄欖油、西洋醋來調味。湯類部分，灑上一些胡椒更能夠提升優格的風味，促進食慾。把優格沙拉放在麵包上食用，清爽又美味。

不管是哪一餐，一定會有一兩道菜混合著優格，這是保加利亞料理的特色。日本的優格是在早餐或者點心時間登場，保加利亞優格則是作為綜合的萬能調味料來使用，發揮更大的作用。

例如，市面上販售著優格混合白起司的調味醬，可以塗抹在麵包上，也可以加一些在以番茄為基底的料理裡。在保加利亞，優格就像是最佳配角，雖然沒有主角的光芒，卻是料理裡不可或缺的存在，重點是爽口不甜膩。我若回到日本，可能會覺得過去習以為常的優格偏甜吧。

出現巨大的「UFO」

飽餐一頓之後，我朝著希普卡山口繼續前進。但是，我的目的地不是山口本身。從卡贊勒克出發，開了大約三十分鐘的車，在前往山口的途中轉進山路，一直往上開，眼前出現了巨大的「UFO」。

保加利亞的共產黨政權為了慶祝俄土戰爭勝利九十周年，突發奇想在距離希普卡山口不遠的山上，興建了巨大圓盤形的紀念建築物，準備作為共產黨本部。興建年分是一九八一年，當時共產黨統治階層的內部應該已經出現矛盾，這棟建築感覺就像是為了掩蓋破綻而大興土木的事業。當國家面臨傾頹之際，領導人卻把錢用在愚昧至極的工程上，對國民的怨聲載道充耳不聞，政權一旦失去民心，就很難持續下去。

這棟紀念建築物完工後，才過十年，共產黨政權就垮台了。圓盤形的建築成了歷史遺跡，也因為奇特的外觀，吸引不少像我這樣喜歡新奇事物的外國遊客到訪，現在是觀光景點。

我原本想要進入建築物裡面，但是被駐守的警衛勸阻：「因為有崩塌危險，禁止入內。」一直到去年為止都可以進入參觀，真是太可惜了。我和其他三三兩兩的遊客，只能

上：保加利亞的共產黨政權興建的巨大圓盤形紀念建築物。
下：慕沙卡搭配滿滿的優格，非常特別。

夠在外面駐足觀望。如果沒有其他用途的話，可以整頓內部空間，作為展望台兼共產黨資料館之用，還能有額外的觀光收入，如今就這樣擱置著，實在令人惋惜。

與國民情感相悖的飲食文化

保加利亞基本上是由斯拉夫人建立的基督教國家，在保加利亞帝國時代（一一八七～一三九六年）包含周邊各國在內，統治了廣闊的領土。但是，到了十四世紀末被鄂圖曼土耳其征服後，開始進行土耳其化。

獨立以後的保加利亞在政治上受到蘇聯（＝俄羅斯）的影響頗深，在國民情感方面，基本上是親俄羅斯，反土耳其的。

然而，他們的飲食文化卻明顯偏向土耳其，與國民情感相悖。例如，土耳其的烤肉料理「kebap」等就很普遍，可見經歷了五百年被統治的歷史，當地的飲食文化其實深受土耳其影響。

既是斯拉夫，也是土耳其，要說什麼才是道地的保加利亞？其實沒有明確答案。既不是誰，但也說誰就是誰，這種柔軟度就是保加利亞的特色吧。正因為如此，優格就像是保加利亞的代名詞，在我們外國人眼中看起來格外燦爛。

慕沙卡優格初體驗

回到首都索非亞，我試著回想自己是否有錯過的保加利亞料理，對了，唯一沒吃到的就是「慕沙卡」（Moussaka）。慕沙卡是用茄子、馬鈴薯和碎羊肉做成的焗烤千層派，更是希臘料理的招牌。實際上，慕沙卡在地中海東部沿岸是相當普遍的家常菜，不僅在希臘、土耳其、巴爾幹半島很常見，保加利亞也不例外。

我到訪了一家名為「KONTECCA」的餐廳，在當地似乎頗受好評。在索非亞，不知道為什麼有很多餐廳均坐落在公園裡，因此，Google的地圖導覽功能也不太管用，計程車司機乾脆把車子停在公園旁邊，直接帶我到店門口。

保加利亞人並不會過度熱情，仔細說來，甚至給人的感覺有點冷淡。但是，絕對不是冷漠。如果開口拜託了，對方也會很認真地回應，也會簡單回答遊客的問題。縱使知道是偏見，但是比起會說些「OK、OK、Very easy、No problem」等客套話敷衍了事的土耳其人，保加利亞人的友善是發自內心的。

餐廳的慕沙卡是搭配滿滿的優格一起食用，非常特別。一直以來，在不同國家吃過好幾次慕沙卡，這是第一次吃到優格口味。在起司和茄子等味道濃厚的基底上，再加上一層清爽的優格，激盪出意想不到的美味。今後吃慕沙卡時，我也要淋上優格來中和一下味道。

保加利亞的飲食生活裡，幾乎都有優格的影子，這是保加利亞的一種國家認同，而滋味果然也不辜負期待。即使面臨人口減少的問題，但只要美味的優格還在，就絲毫不會影響到保加利亞的存在感。像我這樣希望退休後能夠過著被優格包圍生活的人，應該會想要移民到保加利亞吧。

南非・開普敦

全球最危險國家的藍鰭鮪魚

南非位於非洲大陸南端，南大西洋與南印度洋交會處。1948年開始實行種族隔離主義，直至1990年代廢除，但之後治安惡化成為這片土地上發生的最大變化。

我在開普敦吃到的藍鰭鮪魚非常美味，與東京高級餐廳不相上下。另外，南非的白葡萄酒非常有名，芳醇味美，價格卻低得驚人。

南非的治安惡名昭彰，甚至被列為全球治安最差國家之一。我來到南非第二大城市開普敦——位居海上交通要衝，是西歐殖民者最早在非洲南部建立的據點。據說這裡的治安比搶劫橫行的最大城市約翰尼斯堡還好一些，可是入夜之後的氛圍也讓人毛骨悚然。

無論是機場的租車行店員，還是位在市內住宅區的短租套房房東，都一臉嚴肅告誡我：「晚上儘量不要在城裡溜達。」

傍晚奔逃回家的車潮

在開普敦，我最先注意到的是，下班交通巔峰時段比日本提早兩、三個小時。接近傍晚時，人們爭先恐後從市區的工作地點趕回郊外的住家。即使是公車這樣的大眾運輸工具也很危險，大多數人選擇自己開車通勤。每天到了下午四、五點，市內馬路幾乎被擠得水洩不通。

開普敦是由沒有深夜外出習慣的英國與荷蘭移民建造的，所以這裡本來就沒什麼夜生活，而且近年來的返家時間還不斷提前。到了下班時間，大家看起來就像是要從恐怖之城逃出來似的，非得趕在天黑之前回家不可。

一般說來，當你一直聽聞某個地方很危險時，往往到了那裡就會發現並沒有想像中危險。但在開普敦，實際上卻是籠罩著比傳言還要可怕的氛圍。

話雖如此，既來之則安之，千里迢迢到了這裡，當然不能錯過美食。抵達後的第二天晚上，我鼓起勇氣前往市中心一家名為「FUJIYAMA」的日式餐廳。在那裡等待我的，是一位捕撈鮪魚的高手。

滿滿一盤的鮪魚生魚片

眼前這位大哥出生於日本長崎，擔任鮪魚船漁撈長的他剛剛結束數個月的航海，漁船在開普敦港靠岸，數日後準備搭乘飛機返回日本。

抵達開普敦當天，我到住處附近的中國菜餐廳吃飯時，這位漁撈長和當地船員剛好坐在隔壁桌。我本來就想在開普敦訪問一些水產業者，而他身上散發出討海人的氣息，於是主動向前攀談：「請問您是日本人嗎？」話匣子一開，兩個人聊得很盡興。後來他邀請我：「明晚要不要過來品嚐剛捕獲的鮪魚？」聽到這句話，原本對當地治安的不安立即煙消雲散，欣然答應了。

藍鰭鮪魚生魚片，有大脂、中脂和赤身。

第二天晚上，我來到他的店裡。漁撈長自豪地說：「有人說蓄養的鮪魚比較好吃，真是大錯特錯。魚肉碰到嘴唇的瞬間，我就能立即分辨是不是天然的。」

在幾乎和桌子一樣大的伊萬里燒瓷盤中，毫不誇張地說，擺了滿滿的鮪魚生魚片。

在漁船上，漁撈長可以說是實質上的船長，同桌下屬也如此稱呼他。實際上，身兼船長的他半開玩笑地發牢騷：「公司太小氣了，我身兼兩職，卻只有一份薪水，就連回國機票也是經濟艙，不是商務艙。」他的記性很好，英語也很流利。憑著在世界各地捕魚的豐富經歷，他對各國情勢瞭若指掌，遠遠比我更國際化。

盤子裡擺的生魚片是他捕獲的藍鰭鮪魚，有大脂、中脂和赤身。對於一個多月沒吃到日本料理的我來說，真是令人開心。漁撈長說自己已經吃膩了，沒怎麼動筷子，反倒是我大快朵頤，每一口都是幸福滋味。

在享受生魚片的過程中，我發現芥末似乎沒有發揮到提味作用，這或許是因為芥末和脂肪較多的生魚片並不太搭的緣故吧。脂肪較多的生魚片若沾上芥末，它會從油脂上滑開。中國人或是香港人愛吃脂肪含量較多的鮭魚，在碟子裡放的芥末有時甚至比醬油還多，讓人搞不清楚哪一個才是主角。

牽涉到國際政治的藍鰭鮪魚

漁撈長是在靜岡縣燒津港所屬的鮪延繩釣漁船上工作，以前曾在大型水產公司任職。順帶一提，這裡所說的「延繩釣」是日本人發明的捕魚法，目前已普及到世界各地。

過去，每年會有約三百艘日本漁船到開普敦捕魚，但現在已經減少到十分之一左右，取而代之的是中國與韓國的漁船數量越來越多。他們也會採用延繩釣，但使用的漁網比日本人長，魚鉤數量也更多。日本人下網是呈一字型，而中韓會擺成U字形，以增加捕獲量並運往國內。日本人更注重鮮度，需要儘早把魚裝船，因此不會採用這種方法。

年近花甲的漁撈長白髮蒼蒼，但目光炯炯有神。雖然不苟言笑，但很好相處。

「這裡結束後，我會去印尼招募船員。完全委託給當地公司的話，找不到好船員的。這次的船員裡，我也只會留一半陪我下次出海。這種事情還是親自去確認才好。」

開普敦也是南大西洋捕撈藍鰭鮪魚的作業基地，日本就有多家水產公司在這裡設置據點。藍鰭鮪魚的脂肪含量適中，肉質甜美，作為壽司材料也很受歡迎，大半是在日本消費。國際上認為因日本的過度捕撈導致資源量減少，將它列為限制捕撈的對象。在各種鮪魚當中，藍鰭鮪魚可以說是導致日本與外國對立最為激化的一種了。

「只要是歐美國家下的結論，吃虧的總是日本。他們真正的目的是為了把自己捕獲的魚出口到日本，所以就限制日本漁業遠洋捕撈鮪魚。」

漁撈長認為，藍鰭鮪魚的數量已經開始恢復，日本水產廳也持相同見解。澳洲等國家則主張，由於恢復速度還很慢，現況不允許放寬捕撈限制額度。有報導指出，澳洲積極鼓勵養殖藍鰭鮪魚，目的是擴大對日本的出口。越是鮪魚這樣的高價食材，越會牽涉到國際政治，這也是可以理解的。

劇變的開普敦

再好吃的鮪魚，接連吃上二、三十片也是會膩。就在此時，醬燒南極鱈魚出現了。這種魚棲息在大西洋深海中，屬於一種高級魚類。這道菜也十分美味，特別撩動日本人的味覺。在東京住家附近的東急百貨商店，醬燒南極鱈魚的切塊每塊要八百日圓左右。

喝完啤酒，接下來是白葡萄酒。南非的白葡萄酒非常有名，價格也低得驚人。在超市買的一千日圓的夏多內葡萄酒的味道，和日本售價五千日圓的葡萄酒一樣芳醇味美。我們的話題從鮪魚轉移到南非情勢。

同桌的還有一位在南非住了三十多年的女士。她是曾在水產公司工作的漁撈長的朋友。

「開普敦也變好多呢。蘭特的匯率現在是多少了？連過去的一半價值都不到吧。」

這讓我想起了大約十年前，有家金融機構曾向我強烈推薦南非貨幣蘭特的投資商品，結果藍特因治安不佳等各種因素而匯率暴跌。

漁撈長說道：「以前這裡很安全，但現在人們都不敢在街上閒晃了。你晚上也要繃緊神經，稍微留意自身的安全。」前幾天，就有一位單獨外出的日本女子在著名觀光景點桌山慘遭強盜殺害。

南非的治安的確正在崩壞。一九九一年種族隔離制度被廢除以來，治安惡化成為這片土地上發生的最大變化。除了全球最危險的城市約翰尼斯堡之外，開普敦也很不安全。

廢除種族隔離未必是正確選擇

日本人對南非的印象，在一九九〇年以前是「種族歧視嚴重的國家」，之後則是「曼德拉總統」吧。推動廢除種族隔離制度的傳奇人物曼德拉（Nelson Rolihlahla Mandela；一九一八年～二〇一三年）是在一九九三年至一九九七年之間擔任南非總統。在那之後，日本人對於南非的印象並沒有更新，而顯然當地國內情勢早已今非昔比。

暫且不論檯面上的看法，其實現在很多人認為「也許廢除種族隔離制度是失敗的」，或者「難道沒有更好的辦法？」特別是在南非生活的印度裔和被稱為「開普馬來人」的

上：大家以為的非洲最南端「Cape of good hope」好望角。
下：比好望角更南的開普角。

印尼裔，向我透露過這樣的想法。

在種族隔離時代，他們與黑人同屬於「有色人種」（日本人是名譽白人）受到歧視。種族隔離制度廢除後，他們本應和黑人一起感到欣喜，但當我問道：「這是不是正確的選擇？」時，他們均露出困惑的表情，並陷入沉默，像是在說：「你連這都看不出來嗎？」

當然，廢除原本不合理的種族隔離制度是好的，但這也帶來了副作用，使先進國的南非在治安上淪落到全球最差的地步，並且侵蝕整個國家的根基。這就是我的直觀感受。

湧入城市的貧困人口與非法移民

已故的曼德拉總統和開普敦的淵源頗深。作為政治犯，他被長年囚禁在開普敦沿海的羅本島。電影《再見曼德拉》（Goodbye Bafana，二〇〇七年）就是描繪其在監獄與白人獄警的友情，背景是他在這座島上的生活。

經歷二十多年的獄中生涯，曼德拉在一九九〇年獲釋。在開普敦的市政廳前，他發表了那場擁有十萬聽眾的著名演講。如今，這裡已經成為公園，矗立著他等身大的銅像。

雖然很多遊客慕名前來參觀，但此地治安不佳。我在一個週末的下午來到這裡，看到一輛坐滿中國遊客的遊覽車在銅像前停下來，但乘客沒有下車的意思，只在車上照幾張相片後，遊覽車就匆匆離開。環顧四周，確實有一些無所事事且形跡可疑的集團就在公園各處遊蕩。

南非的治安為什麼變差了？以前在南非，不同人種的居住地區是受到限制的。隨著種族隔離制度被廢除，貧困人口與來自周邊國家的非法移民湧入這座城市。結果，人命就變得極不值錢了。

正當我想進一步追問政府該怎麼做比較好的時候，席間又回到鮪魚的話題上。漁撈長的口中不斷地出現經緯度的詳細數字，我只能隨聲附和，無法想像具體位置是在哪裡。不過我瞭解到，從大西洋與印度洋交會處的開普敦來看，藍鰭鮪魚聚集在大西洋一側的南方海域。

漁撈長說，鮪魚聚集的區域海流湍急，行船十分顛簸，海水溫度也較低。高牆般的大浪甚至能把船員捲走。中國和韓國的漁船很少來這裡，他們只在風平浪靜的非洲東海岸捕撈黃鰭鮪魚，這裡是技術純熟的日本漁船的專屬場地。

非洲大陸的最南端

晚餐後隔天，我驅車前往好望角。到了當地，才發現自己對於這個知名歷史景點存在一些誤解。從開普敦出發，開了一個半小時車程抵達開普半島的尖端。這裡除了有「Cape of good hope」好望角之外，還有另一個被稱為「Cape point」的開普角，而且開普角的位置比好望角還要偏南數百公尺。

在開普半島的盡頭處出現岔路，分別通向這兩個地點。大部分遊客會先去開普角，再去好望角。因為商店、紀念館、餐廳集中在開普角，而且風景更美。

但是，我曾從課本上學到「達伽馬發現通過好望角的航路」，自然也想去好望角看看。而開普角則是一座小高山，爬過陡峭的山路之後，就來到了沒有欄杆保護的山頂懸崖，令人望之生畏。

關於非洲的「最南端」，還存在著更大的誤解。其實，好望角與開普角都不是最南端，比它們更南的海角還有兩、三個，位於開普敦的東側。其實，非洲的最南端是厄加勒斯角，位於從開普敦前往伊莉沙白港的途中。中途還會經過名為「Danger Point」（危險岬）的海角，單從名字上看就不平靜。

漁撈長告訴我，有很多船隻在繞過好望角後，會誤以為這裡就是非洲最南端，於是放心地貼著海岸航行，結果在危險岬觸礁沉沒。這樣的事例層出不窮，「危險岬」的名字也因此而來。

無論這裡是不是最南端，親自站在名留世界史的好望角上遠眺，心中仍是感慨萬千。從這裡放眼望去，印度洋風平浪靜，大西洋波濤洶湧。大西洋一側是從南極北上的寒流，與印度洋一側南下的暖流在此交匯。藍鰭鮪魚的漁場位於大西洋這邊，寒冷洶湧的海水，造就了鮮美的肉質。

在開普敦吃到的藍鰭鮪魚非常美味，與東京高級餐廳不相上下。中國人嚐過之後，便高價聘請日本漁師出海捕撈，導致送往日本的藍鰭鮪魚銳減，真傷腦筋啊。

無論是鮪魚、治安，還是蘭特的價值與人們的認知等，南非的各方面都在發生劇變。此趟旅行，讓我原本還停留在「廢除種族隔離」、「曼德拉總統」的指針，再次開始動了起來。

PART

2

映照歷史身影的滋味

香港

雲吞麵
和反送中

香港位於中國東南端，早期為英國的殖民地，1997年回歸後，中國在此實行「一國兩制」。2019年因反對修訂《逃犯條例》，引發連串的街頭抗議活動。

我在正值混沌的香港，吃著源自於混沌的雲吞麵，思考著，雲吞麵之所以成為香港的代表性麵食，與香港人的性格和香港一直以來面臨的困境應該不無關係吧。

中文有句諺語「民以食為天」，從古流傳至今，其意為「人民以糧食為生存的根本」。也就是說，對人民而言，所謂的天下國家也比不上溫飽一頓來得重要，這句話確實反映出中國人的部分價值觀。

現在的中國政府對思想言論自由高度箝制，是基於一種「中國經濟正在蓬勃發展，大家都在同艘船上，不要扯共產黨的後腿」的心態，與「民以食為天」似乎在底部是相通的。

中國共產黨也想要把這樣的規則套用在一國兩制的香港。兩年前，中國國家主席習近平在香港回歸二十周年的紀念活動致詞提到：「港人擁有有史以來最廣泛的民主權利與自由。」言下之意就是不要要求更多的「民主」了，而且強調中央權力不容挑戰，在這樣的前提下，就可以保證香港擁有經濟繁榮與發展的美好未來。

用餐時最有生命力

有時候，香港人給我的感覺是為了吃而活著。用餐時的香港人是看起來最具生命力的時刻，工作緊張忙碌，抬頭仰望也盡是高樓大廈，為了在激烈競爭中生存下來，一定要勤奮工作才不會被淘汰，生活步調完全不輸給東京。

在如此高壓的環境中，連喘口氣的時間都沒有的香港社會，唯一只有在食物面前可以好好放鬆心情，看到他們露出「太好了，今天也有飯吃」的安心表情，就連旁人的我看在眼裡，也鬆了一大口氣。

尤其是能夠迅速端上桌的麵食，更是深受急性子的香港人喜愛。像香港人一定都吃過的雲吞麵，是將煮熟的雲吞放入碗內，夾入爽口彈牙的細麵，再倒入湯頭，花個幾分鐘就完成了。而且，口感滑順，讓人咻咻咻一下子，整碗麵就見底。另外，在香港也吃得到各式各樣的麵食，來到這裡簡直是麵食天堂。

二〇一九年六月，我親眼見證了香港人想要透過「食」來抗衡「天＝習近平」的威權。地點就在作為香港新市鎮而快速成長的新界沙田。

這裡原本是單純的貨物轉運站，鳥不生蛋。但是，在地鐵沙田站前蓋了一棟樓後，四周新建大樓就如雨後春筍般一一冒出，人口一下子暴增到幾十萬人，形成一座巨大都市。香港的高樓大廈大多是一、二樓出租為商業用途的店面，二樓部分會有空中迴廊與鄰棟銜結起來。

香港人會利用銜接車站與大樓之間的空中迴廊移動，這樣一來就不用擔心日曬雨淋，沿途也帶動了龐大的商機。這點讓我不禁對香港人的聰明感到佩服。

從港鐵沙田站利用通道往大樓走去，經過四棟大樓左右，就可以抵達在當地小有名氣的老字號麵店「盛記」。

老字號麵店用行動支持「新聞自由」

我有位香港朋友在網路媒體《眾新聞》工作，他寄來一封電子郵件，開心地跟我分享說：「歡迎大家到這間麵店消費，就可以幫助公司籌款。」因此，我二話不說決定去捧場一下。

在同樣待過新聞界的我看來，香港的新聞越來越枯燥乏味了。香港媒體逐一向中國勢力靠攏，也就是「親中化」，整個大環境又很難培育出獨立自主的網路媒體。在這樣的背景下，《眾新聞》每天努力地追新聞，刊載的社論也有一定水準，看得出相當用心經營，但是始終面臨資金短缺的問題。

因此，這間麵店發起「撐記者．食碗麵」的義賣活動，將一日所得全部捐給《眾新聞》。日期是選在天安門事件三十周年的前兩天，即六月二日。

為了避開人潮擁擠的時段，我上午十一點左右就抵達。大批穿著橙色上衣的店員熱情地招呼顧客，衣服上面印製了「新聞自由」（PRESS FREEDOM）的字樣。一問之下，這幾十人原本是店裡常客，因為被老闆的義舉所感動，自掏腰包製作T恤，還到店裡幫忙。而我到的這個時間點，店員比顧客還要多。

當日提供的菜單比平常少，麵類只有四種。我點了雲吞麵，因為是義賣活動，所以價格稍微調高一些，一碗四十港幣（約一百六十元台幣），飲料則是點了喝起來清爽酸甜的「檸檬咖啡」，我非常喜歡，建議大家到香港可以嘗試看看。

用餐時，客人陸陸續續上門。之後，透過新聞才知道，當日營業額高達四十萬港幣（約一百六十萬元台幣），而這樣的金額就可以支撐《眾新聞》一個月的營運成本。

雲吞麵是香港人的靈魂食物，即便是大學時代曾到香港留學的我，一開始學會用廣東話點菜，也是從「雲吞麵一個」開始的。

我等了一會兒，雲吞麵上桌了。也許是義賣日的關係吧，雖然麵條分量不讓人失望，但是味道普通，期待下一趟來會更好。

上：用行動支持「新聞自由」的老字號麵店「盛記」。
下：頂著米其林光環的「麥奀雲吞麵世家」雲吞麵。

「香港人要堅持信念」

麵店老闆張文強面對媒體訪問時如此說道：「對香港人而言，新聞自由和吃飯一樣重要，現在全香港人都很憤怒，你們等著瞧吧，今年的六四之夜會很不一樣，而且九日的遊行規模將更加盛大。」

「六四之夜」是指在每年在香港維多利亞公園舉辦悼念天安門事件的集會活動，又稱維園六四燭光晚會。雖然參加人數逐年減少，但是二〇一九適逢三十周年，也因為香港政府與民眾之間的對立升高等因素助長，許多民眾紛起響應。而「六月九日」則是發起反對修訂《逃犯條例》的街頭抗議活動（通稱為「反送中」遊行）。根據主辦人表示有一〇三萬人參加，是九七主權移交後規模最大的示威活動。

老闆也表示：「希望大家可以堅持信念，不要因為五斗米而折腰。」為五斗米而折腰的典故是來自於《晉書．陶潛傳》，講述東晉後期至南朝宋初期的詩人陶淵明為人高風亮節，顯示出「不願為微薄俸祿卑躬屈膝並諂媚奉迎」的文人氣概。老闆似乎也是個讀書人，店內到處擺滿了各種書籍。

那麼，這裡說的是香港人不要向誰折腰呢？中國、香港政府、中國資本，還是習近平呢？以上皆非。我認為他們對抗的並不是特定對象，而是堅持「永不放棄」的信念，不要輕易輸誠。在二〇一四年爆發「雨傘運動」之後，有越來越多的社運人士接連遭受司法迫害，香港社會瀰漫著無力感，但是在沙田盛記麵家看到的活絡景象，香港人並不如想像中的低迷消沉。

唯獨香港的雲吞麵令人銷魂

或許是麵的分量太多或者是吃得太急，這碗雲吞麵讓我有點消化不良。腦海裡一一浮現了以前經常光顧的雲吞麵店，如銅鑼灣的「池記」、佐敦道的「麥文記麵家」，還有千萬不可以錯過的中環老字號麵店「麥奀雲吞麵世家」。這一間頂著米其林光環的麵店，雖然麵的分量較少，但在香港百家爭鳴的麵店裡，對味道的講究是數一數二的。

傍晚到訪麵店時，幾乎已經客滿，我每次光顧，都只能找個空位跟人併桌，其熱門程度可見一斑。我當然是點招牌的雲吞麵，清澈金黃的湯頭，煮得彈牙像橡皮筋的細麵，躲在碗底的雲吞小而飽滿，蝦子味道相當濃郁。一碗要價港幣三十八元（約一百五十元台幣），真的不便宜。

香港民主不死，就像雲吞麵的麵條，充滿韌性。

根據紀實作家平野久美子的名作《從飲食看香港史》（暫譯），麥奀記的雲吞麵在一九九〇年代前後是一碗港幣二十三元，即使在當時也屬於價格偏貴的店，如今漲幅還是挺嚇人了。但是，不單這間店而已，因為中國熱錢湧入，香港不動產的價格居高不下，節節高升的物價已經在日本之上了。

美味的雲吞麵為什麼只有在香港才吃得到？在其他地方吃總覺得缺少了一種所謂的「道地」，至於理由，我自有一套較為浪漫的解讀。

雲吞的名字和錯綜複雜的歷史

廣東人稱的「雲吞」，因為用薄皮包裹著內餡的外形，讓人聯想到天地初開時的混沌狀態，所以被稱為「混沌」，改成食字旁的「餛飩」，用來指食物，廣東話的發音就變成了「雲吞」（wonton），日本也是使用「雲吞」（ワンタン）的漢字。

而餛飩在台灣被稱為「扁食」，在四川又換了另一個名字叫「炒手」，鮮少有其他食物擁有如此錯綜複雜的名字和歷史。

但是，能夠確定的是雲吞的原點是來自於「混沌」，而香港當今的局勢用混沌來形容正好再適合不過了。在混沌的香港，吃著源自於混沌的雲吞麵。而且，雲吞麵之所以成為香港的代表性麵食，應該不是單純的巧合而已，似乎與香港人的性格和香港一直以來面臨的困境不無關係。

雲吞麵的麵條吃起來口感很扎實又有嚼勁，就像橡皮筋一樣非常有彈性。因為是用麵粉加上鴨蛋和鹼水製成的手工麵條，所以香港的麵店老闆會把細長捲曲的麵條煮得偏硬。通常，雲吞是放於碗底，然後上面鋪放麵條，再加入大半碗的湯底，原則上是麵條會高出湯一些。香港人的正統吃法是從麵開始吃。

麵條在口中越是咀嚼，甜味越是散發出來。接著，咬到一定程度後，一口吞進喉嚨裡，滑順潤喉的口感讓人欲罷不能。裝在小碗裡的雲吞麵，就像是繁星點點的小宇宙，每一口都發出了光亮，這就是香港令人著迷的地方。

香港民主不死

按照慣例每年都會舉辦的追悼活動「六四之夜」，在二〇一九年參加人數遠遠超乎預期，高達十八萬人湧入維多利亞公園。光這樣就令人大吃一驚了，更何況六月九日的

「反送中」遊行是一九九七年香港主權移交之後規模最大的示威活動，不只震驚國際社會，一定也驚動了中國政府。之後，警方使用暴力手段，強制驅離包圍立法會的抗議群眾，讓香港政府的立場更加險惡。十五日，香港特首林鄭月娥宣布將修正案的審議延期，香港人嘗到久違的勝利滋味。

但是，即使如此也無法澆熄民眾的怒火，在十六日甚至發展為兩百萬人上街的大規模抗議活動，要求行政長官下台和立刻廢除逃犯條例修正案。

香港民主不死，就像雲吞麵的麵條怎麼咬也咬不斷般，充滿韌性。相信今後香港人也會秉持著香港精神，繼續為香港的前途奮鬥吧。

（此文於二〇一九年六月底完成）

金門・廈門

蚵仔煎
與鄭成功之謎

金門是兩岸關係的最前線，由多座島嶼組成，「小金門」是第二大島。自從開放小三通之後，從廈門至小金門的中國遊客絡繹不絕。

小金門的蚵仔煎外皮香脆不黏糊，大顆量多的牡蠣吃起來很過癮，不同於台灣蚵仔煎粉漿煎起來黏黏糊糊的。居然能在這裡吃到道地的好味道，真是太幸運了。

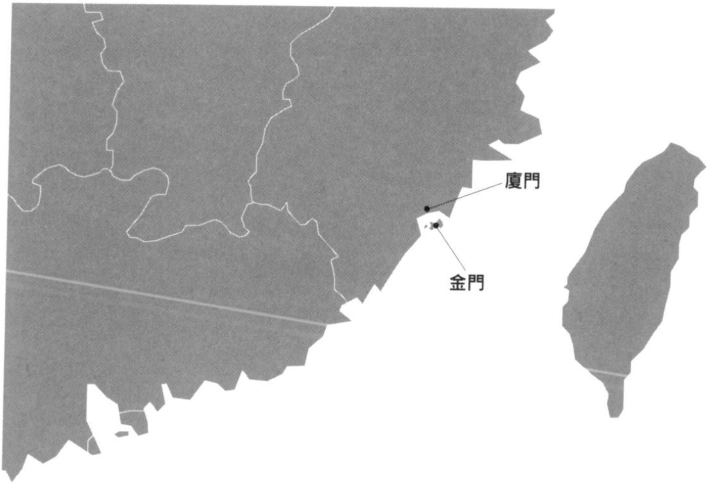

如果有人問我死前最想吃的三種食物，牡蠣一定是其中一種。牡蠣可以生吃，可以煎、煮、炒、炸和清蒸，調理方式千變萬化。其中，我最喜歡的是油煎或熱炒的牡蠣料理。肥美多汁的牡蠣經過加熱處理會更加鮮甜，又不會像炸牡蠣般油膩。因為在日本國內鮮少吃得到煎炒的牡蠣，所以一有機會到訪中華文化圈的國家，我都會到海產店或海鮮餐廳點來吃。

台灣庶民美食代表

台灣的「蚵仔煎」可以說是從炒牡蠣發展出來的料理，在日本也是直接使用「蚵仔煎」的漢字，拼音是採閩南語發音的「オアチェン」（oachen），但是過去通常翻譯為「牡蠣オムレツ」（牡蠣歐姆蛋）。若依照個人感覺，應該說不上是歐姆蛋，反而接近大阪燒。這道料理是在炒好的牡蠣上頭，淋上樹薯粉（也可以用太白粉替代）和水勾芡的粉漿，加上蔬菜，再打上一顆蛋，煎得香脆，最後再淋上特製醬汁就可以端上桌了。很容易有飽足感，是老少咸宜的台灣小吃。

蚵仔煎作為台灣庶民料理的代表性食物，也有很高的知名度。二〇〇七年，台灣《遠見雜誌》所做最能代表「台灣十大小吃排行榜」民調中，第一名就是蚵仔煎。同年，台灣經濟部商業司舉辦的「外國人台灣美食排行No.1票選活動」裡，蚵仔煎也榮登首位。這意味著蚵仔煎廣受台灣民眾和外國遊客歡迎，堪稱是代表台灣的美食。

但是，蚵仔煎並不是只有台灣才吃得到，更甚者，也不是台灣道地的食物。蚵仔煎的發源地其實是台灣的對岸中國福建省一帶，在那裡被稱為「海蠣煎」。因為牡蠣在台灣稱為蚵仔（閩南語），在中國是稱為海蠣（普通話），才會出現不同的名稱。

蚵仔煎是鄭成功發明的？

據說這個蚵仔煎是被某人發明出來的，這號人物正是日本人也耳熟能詳的歷史英雄鄭成功，被稱為軍事天才，日本的淨琉璃戲劇《國性爺合戰》讓他成為家喻戶曉的人物。

鄭成功於一六二四年在長崎縣平戶市出生，父親是中國人，母親是日本人。父親鄭芝龍原本是海盜，受明朝招撫後，被任命為水師將領。他在六歲前與母親住在平戶，父親當官後，便接他回中國泉州讀書。原名是鄭森，幼名福松，被明朝隆武帝賜姓國姓朱，賜名成功，之後便自稱為「國姓成功」。後世習慣以鄭成功稱之，其實是源自於清朝史料記載的稱謂。

鄭成功被賜國姓「朱」，故被尊稱國姓爺。一六六一年，因戰況不利而退居台灣，驅逐當時統治台灣的荷蘭勢力，以台灣為據點，徹底與清朝抗戰。據傳，這樣的鄭成功在台灣圍攻荷蘭守軍時，因為被斷了糧食，為了讓士兵充飢，所以利用當時台南沿岸盛產的牡蠣，搭配番薯粉混合加水而成的粉漿，煎成餅食用，發展成今日的蚵仔煎。

當然，這一說法充滿了謎團，真實性不得而知。使用台灣特產的牡蠣和番薯粉煎成餅來食用，填飽士兵的肚子，大大提升軍隊士氣，花費數個月的圍城（熱蘭遮城）後，終於成功從荷蘭手中收復台灣。這個在民間廣泛流傳的「傳說」，應該是在口耳相傳的過程中，不斷加油添醋而成吧。

說實話，我對台灣的蚵仔煎並沒有特別喜愛，因為番薯粉的量太多，不是每一口都吃得到牡蠣，雖然每個人喜好不同，但粉漿煎起來黏黏糊糊的口感，是我的一大罩門。

難忘留學時期的老滋味

五月上旬，我因為採訪工作去到廈門，正好遇上中國的大型連假。大學時期我曾經到

難忘留學時期的老滋味，廈門的「海蠣煎」。

廈門留學，那個時候就經常光顧位於中山路上的老字號「黃則和花生湯店」，這次久違的再訪，已經改裝得煥然一新，傳統老店的氣息已消失不見。其實，廈門在近年晉升成熱門的觀光地，受到國內外遊客的青睞，可以明顯地感受到整座城市的改頭換面。

但是，記憶中熟悉的大鐵板還在，上面正煎著十來份的海蠣煎，傳來滋滋作響的聲音。

令人高興的是味道並沒有改變。在摩肩接踵的排隊人潮中，擠向櫃台，總算接過一人份（二十元人民幣約等於九十元台幣）的海蠣煎。在中國，要好好享用一頓餐點，先決條件是要找出「亂中有序」的潛規則。

現在，這間店採用的消費方式是在中國也滿常見的儲值卡。來到店裡先參考價目表，估算自己要吃的餐點共約多少錢，儲值之後再輪流到各個餐點區點餐結帳。最後用完餐到櫃台退卡，服務人員就會退還押金和餘額。整個流程挺麻煩的。在中國要吃上一頓飯，需要耗費大量的時間和精力。

這裡的海蠣煎吃起來的口感不同於台灣的蚵仔煎，整盤都看得到牡蠣，番薯粉和蛋也不會覺得黏稠，我個人偏好這樣的味道。粒粒分明的海蠣煎，並不像一體成形的蚵仔煎。但和十年前相比，價格已經漲了五倍左右。

這裡還有另一個招牌，也就是店名上寫的「花生湯」。日本人可能難以想像鬆軟的花生味道，其實就像日本常見的紅豆湯，只是把材料換成花生而已。我從以前就很喜歡花生湯，甚至還帶日本友人去吃，只不過似乎不合對方的口味。

收復台灣的民族英雄

順帶一提，這間店的旁邊立了一座紀念鄭成功的石碑。至於為什麼會出現在這裡，卻沒有任何說明。或許是因為重新開發的緣故，從哪裡移過來的吧。

「從此，被荷蘭侵略三十八年之久的台灣回歸祖國懷抱。世人稱之為『民族英雄』。」碑文的最後一行如此寫道。

在中國，鄭成功的定位也被視為驅逐荷蘭人、收復台灣的民族英雄。但是，完全沒有提到「在日本出生」、「母親是日本人」等出生背景。中國這個國家，窮極一切手段要把不利的歷史抹消掉，似乎是再稀鬆平常不過的事了。

坐落在廈門港中央的鼓浪嶼，有巨大的鄭成功石像和紀念館。清朝在鴉片戰爭中輸給英國，因此被迫開放廈門成為通商港口，而鼓浪嶼作為公共租界，有很多國家陸續在這裡設立領事館，外國人最初開始居住於此，因此島上林立上千棟各國風情的洋樓別墅，充滿濃厚的異國情懷，二〇一七年，被登錄為世界遺產。

不巧遇到中國五一連假，人潮相當擁擠，這幾天預約要到鼓浪嶼的渡輪都客滿了。最近，中國很多熱門觀光地都採預約制，不諳門路的外國人到了現場只能吃閉門羹。不像日本必須大力招攬外國遊客，中國的旅遊業即使不做外國人生意，光靠龐大的內需市場就可以立足了。

到小金門吃道地的蚵仔煎

我提早離開不管去到哪裡都人山人海的廈門，前往對岸的金門。搭乘高速渡輪只要三十分鐘即可抵達，鄭成功也在這裡留下足跡。

金門是兩岸關係的最前線，實質上是在台灣政府管轄範圍內，自從開放小三通之後，從中國來的遊客也絡繹不絕。金門由多座島嶼組成，我前往第二大島「烈嶼島」，這裡又有「小金門」之稱。

小金門也是鄭成功在一六四七年起兵抗清的地方，島上有座鄭成功命士兵挖掘的井，故稱為「國姓井」。過去因為湧出清泉，滋潤了當地居民的生活，但是遭海盜占據後，泉水不再湧出，鄭成功重新挖井，源源不絕的泉水再度湧出。

這故事與蚵仔煎的由來相同，真偽難辨。總之，有關鄭成功的傳說多如繁星，感覺任何事情只要冠上鄭成功的名字，就成為很了不起的故事。

上：在小金門居然吃到足以讓我改觀的蚵仔煎。下：從小金門望向對岸廈門，如此接近。

在小金門，當然不免俗地也去吃了蚵仔煎。我到訪老字號的「新大同餐廳」，店內幾乎客滿，於是和一團來自台灣的遊客併桌用餐。

這裡的蚵仔煎就是一般在台灣街頭巷尾會看到的蚵仔煎。但外皮香脆不黏糊，大顆量多的牡蠣吃起來很過癮，與相當觀光化的台灣和重視速度感的中國不同，這才是道地的好味道。在介於中國和台灣之間的金門，居然遇到足以讓我改觀的蚵仔煎，真是太幸運了。

從桃園市來玩的幾位中年男子你一言我一語：「小時候，對金門的印象是危險的地方。」因為和大陸的關係改善，金門自一九九二年解除軍事管制至今也還不滿三十年。

既是台灣，又不全然是台灣

不管是戰前或戰後，鄭成功在台灣一致被視為值得尊敬的偉大人物。通常，在日治時代受推崇的人事物，到了戰後的國民黨時代就被一筆抹煞，唯獨對鄭成功的崇拜思想是例外。

日治時代，鄭成功之所以受到尊敬是因為他的形象有利於日本統治。擁有一半日本人血統，而且在台灣留下足跡，作為台日關係的連結再適合不過了。國民政府時期，鄭成功以台灣為基地，心懷反清復明的壯志，與撤軍來台的蔣介石高舉「反攻大陸」的目標不謀而合，因此國民政府也大肆讚揚鄭成功的事蹟。

蔣介石敗給了共產黨之後，帶領國民政府、軍人、公務員等共超過一百萬人撤退來台，伺機反攻大陸。鄭成功也是為了復興明朝，退居台灣後，持續與清朝對抗的民族英雄。像這樣子與蔣介石立場雷同的人物，國民黨怎麼可能輕易放過。鄭成功在國民黨的推波助瀾下被推崇為民族英雄，程度遠勝日治時代，台灣各地陸續興建彰顯鄭成功事蹟的紀念公園、紀念館或寺廟等。但是，在金門，對鄭成功的態度應該說是普通，或者是不太顯眼。仔細想想，或許是和金門的特殊性有關。

金門的正式地名為「中華民國福建省金門縣」，可以說既是台灣又不全然是台灣的地方。金門人的身分認同意識似乎也與所謂的「台灣人」有著隔閡，比起反攻大陸，在心態上更傾向於與大陸交流。對鄭成功的印象也僅止於名留青史的一號人物，不會大肆吹捧，卻也不會忽視其存在，反映著金門所處的微妙地理位置。

向鄭成功崇拜說「NO」

二〇一九，台灣又重燃鄭成功的話題。每年四月二十九日，由中央政府主辦的紀念鄭成功開台祭典，歷年來都是由中央派員擔任中樞主祭，從二〇一七年開始，已連續兩年中樞停止祭拜鄭成功，但二〇一九年卻又恢復。這次在祭典前夕，行政院發言人谷辣斯・尤達卡在個人臉書主張「拒絕殖民史觀，取消中樞祭拜鄭成功」，對代表國家的中樞擔任主祭提出異議。

民進黨重視台灣多元社會的價值觀，並不採行「中華」至上主義，因此對於象徵中華價值觀之一的鄭成功，整體上是冷處理。只是在取得政權之後，因為考量到有不少選民依然對鄭成功愛戴有加，因此在睽違兩年後的二〇一九年，再度由內政部長擔任主祭舉辦祭典。

另一方面，鄭成功在統治台灣之際，包含對原住民燒殺擄掠在內，治理手段相當殘暴，因此站在原住民的立場，當然是向鄭成功崇拜說「NO」。

谷辣斯・尤達卡說的「殖民史觀」，是以原本住在台灣的原住民觀點來看那些從大陸過來的統治者，不論是鄭成功也好，清朝也好，都是「殖民地主義者」。歷史，是一門錯綜複雜的學問。但是，中央政府的內政部也僅回覆：「尊重多元觀點。」谷辣斯・尤達卡沒有被處分，之後也繼續執行原本職務。這一點可以看出台灣的包容性。

一日換了地方，對鄭成功的評價也可能從英雄變成劊子手。歷史就像是萬花筒，每個角度的花色都不同。我在廈門、金門、台灣一邊品嚐作為特色小吃的蚵仔煎，感受著味道的微妙差異，相同地對於鄭成功的歷史評價，各地也出現不同的冷熱度。

阿根廷・布宜諾斯艾利斯

「聖女」艾薇塔的民粹主義和炭烤料理

阿根廷位於南美洲東南部。貝隆和妻子艾薇塔倡議的貝隆主義，被解讀為「撒錢政策」，是為今日風靡世界的民粹主義先鋒，至今仍影響著阿根廷的選舉與政治。

在布宜諾斯艾利斯期間，餐餐幾乎都是肉，其中最受歡迎的莫過於炭烤料理阿薩多了。沙朗牛排、牛里肌、牛心、血腸等肉類豪邁地放在大盤子上端了過來。

在她的墓室前，至今依然放滿悼念的鮮花。

冬天的布宜諾斯艾利斯正下著綿綿細雨。我拜訪了位於郊外的雷科萊塔墓園。這裡聚集了阿根廷的歷屆總統、頗負盛名的文人和學者的墓，是屈指可數的觀光勝地。

這裡有「墓園導覽員」服務，但幾乎都以西班牙文為主，終於找到英文導覽員，在他的帶領下，順利找到艾薇塔（Evita）的墓室。

艾薇塔，是前阿根廷總統胡安．貝隆（Juan Domingo Perón；一八九五～一九七四年）的夫人——伊娃．貝隆（Eva Perón；一九一九—一九五二年）的暱稱。當時，她以第一夫人的身分受到廣大民眾的熱烈支持，但是不幸罹患子宮頸癌，年僅三十三歲就香消玉殞。她的真實故事被搬上音樂劇《艾薇塔》（一九七八年），也被改拍成電影《阿根廷，別為我哭泣》（一九九六年）。

勞工階級的「聖女」

「這座墓最受歡迎的就是這裡。她是『Descamisados』的聖母瑪利亞——聖艾薇塔。」

有點年紀的男性導覽員手指著艾薇塔的浮雕，如此介紹道。因為不了解「Descamisados」的意思，進一步詢問後，回答是「指沒錢的勞工們」（Descamisados是西班牙文，英文為「without shirt」之意。無衫者，指被特權階級壓榨和欺負的勞工們）。這個聖女的稱號，就足以見識到她在阿根廷人民心目中不可撼動的地位。

艾薇塔是出身底層的私生女，她在認識貝隆之前，除了當模特兒、演員之餘，作為高級交際花賣淫維生。但是，在平民百姓和勞工階級的眼裡，從逆境中力爭上游，還有對社會底層的貧民提供救濟，因此把她視為「聖女」般的存在。

「阿根廷，別為我哭泣（Don't cry for me Argentina）……」

在電影《阿根廷，別為我哭泣》裡，女主角瑪丹娜的歌聲讓觀眾聽得如癡如醉。實際上，這句話並非艾薇塔本人所留下，但是她在人生巔峰之際卻迎接悲劇性的結局，以這句話總結她的傳奇一生，再合適不過了。

這位徹底改變南美洲大國阿根廷的女性，看著墓室前堆積如山的花束，她短暫又璀璨的人生如跑馬燈般在我腦海裡一一浮現。

上：艾薇塔墓室前堆積如山的花束。下：書店裡陳列著艾薇塔的相關書籍。

民粹主義的詛咒

艾薇塔的丈夫貝隆從軍人轉變為政治家，是在二次大戰結束後不久，當選總統。當時，阿根廷並沒有被捲入戰火，是世界上為數不多的有錢國家。貝隆把國庫豐厚資金用在提升國內勞工階級的待遇、解決貧窮問題和協助歐洲戰後復興等上面。

總是站在第一線的，就是以第一夫人之姿協助丈夫貝隆運籌帷幄的艾薇塔。這個手法也被解讀為「撒錢政策」，作為今日風靡世界的民粹主義先鋒，依然受到歷史學家的關注。

即使她離世至今已經超過半世紀以上，依然深受阿根廷人民愛戴。從「交際花」一路竄升到「聖女」的艾薇塔向阿根廷施展了「民粹主義」的詛咒，彷彿是要一吐連自己的遺體都不被允許埋葬在祖國的怨氣。

艾薇塔死後，反貝隆的軍方勢力發動政變上台，艾薇塔的遺體成為心頭大患，於是她的遺體被用假名秘密下葬在義大利的墓地長達十年以上之久。

世界第二美的書店：雅典人書店

若是漫步在布宜諾斯艾利斯的街道上，就可以立刻感受到阿根廷的過去榮光。首先，吸引目光的是典雅建築物。雖然被稱為「南美的巴黎」，但是這座城市散發出雍容典雅的氣息，遠勝過真正的巴黎。

其中，最具地標性的建築是聖菲大道上的雅典人書店（El Ateneo），由百年歷史的大光明歌劇院改建而成，馬蹄形的大廳和穹頂展現出恢弘氣勢，還被英國《衛報》評選為「世界第二美的書店」。精美絕倫的雕刻裝飾與壁畫等令人嘆為觀止，書店本身充滿了立體的視覺效果。

各種書籍應有盡有，這一點和一般大型書店沒有兩樣，但是劇場的舞台空間改為咖啡廳，可以一邊喝咖啡，一邊咀嚼文字，享受書香的薰陶。當時，作為演員還沒什麼名氣的艾薇塔，或許也夢想著有朝一日可以站上這裡的舞台吧。

因為書店實在太大了，而且大多數都是西班牙文，於是我直接向女店員詢問：「我想找有關艾薇塔的書籍……」，對方露出的表情似乎是早就知道我的來意，手腳敏捷地拿了五本左右的傳記給我。也許她遇到過太多對艾薇塔感到好奇的外國遊客吧。每一本都是我無法理解的西班文，但是我迅速翻閱一遍，其中看到了她用餐的照片。

仔細一看，餐桌上放的是阿根廷傳統炭烤料理「阿薩多」（Asado）。

上：世界第二美的書店—雅典人書店。
下：《春光乍洩》裡梁朝偉工作的探戈酒吧「Bar Sur」。

無肉不歡的民族

在布宜諾斯艾利斯期間，餐餐幾乎都是肉，要尋找沒有肉的料理實在有困難。其中，最受歡迎的莫過於炭烤料理阿薩多了。

阿根廷人是無肉不歡的民族，只要想像在露營區裡大啖烤肉的情景，就大概知道阿薩多是怎麼一回事了。沙朗牛排、牛里肌、牛心、血腸、雞肉、香腸等肉類，豪邁地放在大盤子上端了過來。

我在餐廳也點了比礦泉水還要便宜的啤酒或紅酒，大口吃肉，盡情暢飲。阿根廷的酒和肉，感覺跟水和麵包一樣稀鬆平常。

阿薩多是發源自在草原上以放牧和打獵維生的高卓人的飲食習慣，阿根廷鄉下，幾乎家家戶戶都有烤爐，每逢喜慶節日會與親朋好友或家人來個烤肉聚會。想必鄉下出身的艾薇塔，應該也是在阿薩多的飲食文化下長大的吧。

對日本人而言，也許阿薩多這樣的炭烤料理有「吃不完」、「肉太硬」、「口味過於單調」這三重無法克服的關卡。雖然，口味會依據不同店家多少有差異，不過在我嘗試了好幾次之後，阿薩多始終不是我的菜。

即使如此，阿薩多蘊含著阿根廷農村社會的庶民性，與今日依然深受歡迎的艾薇塔的本質是相通的。我一邊吃著烤肉，一邊如此思考。

人生的轉捩點

提到阿根廷，就想到探戈。提到探戈，就想到香港電影導演王家衛的作品《春光乍洩》（一九九七年），內容描述一對男同志伴侶在布宜諾斯艾利斯交織出的愛情故事，是由當今叱吒華人影壇的梁朝偉與二〇〇三年自殺而成為傳奇人物的張國榮主演。

這部電影因為中途重拍或者是剪輯手法，部分劇情展開不是很流暢，但是鏡頭下，在這座昏暗色調的異鄉城市裡上演的同志故事，瀰漫著一種憂鬱寂靜卻說不出來的哀愁，還有，整部電影的影像總之美得沒話說。

電影裡，梁朝偉在探戈酒吧「Bar Sur」當看門侍者賺取旅費，那間酒吧剛好就在下榻飯店附近，我在這裡一邊啜飲著紅酒，一邊欣賞有生以來的第一次探戈。探戈是非常具有戲劇性的舞蹈，感官性強烈的節奏，鏗鏘有力的音樂，相當精彩迷人。堪稱是探戈代名詞的班多鈕手風琴演奏，充滿不可思議的魅力。

艾薇塔的父親是有家室的人，私生女的她飽受社會歧視，十五歲那年追隨一位來小鎮演出的探戈歌手前往布宜諾斯艾利斯，這也是她人生的轉捩點。之後，憑藉她的美貌和手腕穿梭在達官顯貴之間，從交際花、模特兒、演員一步步往上竄升，最後搭上了前景看好的軍官，爾後當選總統的貝隆。回顧她的來時路，和聖女的形象其實天差地遠。

貝隆的成就來自艾薇塔

阿根廷擁有廣大肥沃的彭巴草原，農牧業相當發達，是世界上知名的「糧倉肉庫」，因此也孕育出以大地主為中心的貴族階層。另一方面，農牧業勞動或者是小型工廠的勞工受到壓榨和苛刻待遇，不滿情緒持續累積。第二次大戰結束前，在政壇上嶄露頭角的貝隆扮演了勞工救星的角色。

拉丁美洲對於貝隆掀起的旋風，稱之為「貝隆主義」，被視為民粹主義先驅的一種型態，強調庶民性，善於動員中產階級以下的平民百姓和勞工階級，在政治上憑藉群眾運動的手段來獲得廣泛支持。

但是，本身就是菁英分子的貝隆並沒有太大的感召力，在執行方面，反而經常借助

滿滿肉味的炭烤料理阿薩多。

社會底層出身的艾薇塔的組織力和動員力。簡而言之，如果沒有艾薇塔，貝隆就不會有如此成就。

第二次大戰結束不久，她在廣播中號召支持者發動罷工，營救出因為政變被軟禁的貝隆，並且順利幫助貝隆贏得總統選戰。貝隆在爭取連任時，她原本計畫擔任副手一同參選，因為軍方和既得利益階級的強力反對而作罷。但是，艾薇塔政治聲望達到高峰之際，生命戛然而止，反而為她蒙上一層神話色彩，甚至獲得「聖女」封號。

共通的魅力在於「腥味」

我到訪時，阿根廷面臨貨幣嚴重貶值，阿根廷披索兌美元的匯率是一美元對三十九披索，創下歷年來最低價位的紀錄。根據新聞報導的分析，是因為之前繼承貝隆路線的左派政權在社會福利政策上撒大錢的影響。二〇一八年五月，央行貼放利率調升了四〇%，之後甚至調高到超過六〇%。通貨膨脹率也達到三成左右。

街上的餐廳似乎沒什麼生意，感覺有點冷清。在阿根廷要換錢不是很方便，我本來想用美元換披索，卻找不到可以兌換的銀行或換錢所，一時陷入不知如何是好的窘境。走了一段路後，把最後的希望寄託在前面的國家銀行，抽了號碼牌在一旁等候時，看到包包裡放了一大疊披索現金的人從窗口走出來。

在布宜諾斯艾利斯，勞工團體幾乎每天上街抗議，要求改善待遇，經常因為道路封鎖而引起交通嚴重阻塞。公共醫療基本上是不收費的，社會保障也很健全，相對地，政府經常面臨財政赤字的窘境。阿根廷政治與迎合大眾政策的傳統密不可分，也是艾薇塔留下的民粹主義政治的負面遺產。

艾薇塔與阿薩多，不管是好或壞，兩者共通的魅力在於「腥味」。艾薇塔，是兼具了聖女和交際花、高貴和下賤、聰明和狡猾的兩面性；而外焦內嫩的阿薩多雖能讓人徹底享受肉質美味，但想必也有人像我一樣，不習慣它的強烈肉味吧。

艾薇塔走得太早，所以在被論斷功過之前，就算充滿了爭議，她的迷人風采依然深植在世人心中，穩坐阿根廷國母的地位。若以她本人來看，雖然是壯志未酬身先死，留下許多未竟缺憾，可是從歷史觀點來看，她的早逝無疑是華麗的退場。在那之後的阿根廷或許說不上過著幸福的日子，但可以確定的是艾薇塔本人還在世時，活得很精彩。

克羅埃西亞・杜布羅夫尼克

由牡蠣想起的
屠殺受難者的眼球

克羅埃西亞位於地中海和巴爾幹半島交會處，1991年宣布自南斯拉夫聯邦獨立，隨後與塞爾維亞人、南斯拉夫人民軍爆發戰爭，四年後取得勝利，成為主權國家。

我在牡蠣盛產地斯通吃到的牡蠣比想像的要小，鹹味較重，肉質也不豐滿，並沒有那麼美味。雖然試了多次，但是一次次的失望讓人信心全失。

旅行往往有碰運氣的成分。花的錢越多、時間越長、走得越遠，要有一趟玩得盡興的旅行，就更需要一些運氣。而且，出發前的想像和憧憬，與實際走訪過後的感受，也往往出現不一致的情況。有些地方是起初沒抱任何期待，但實際走一遭卻讓人覺得不虛此行；相反的，有些地方在出發之前萬分期待，實際上卻讓人大失所望。

老實說，對我而言，克羅埃西亞屬於後者。

物價高出周邊國家五成

與巴爾幹半島的周邊國家相比，克羅埃西亞首都札格雷布的物價要高出一．五倍。從這裡搭乘飛機前往位於東南方的杜布羅夫尼克，一個小時即可抵達這塊被鄰國波士尼亞與赫塞哥維納（以下簡稱波赫）隔開的城市。這座面臨亞得里亞海的旅遊城市，物價竟然比首都還要高。

一瓶五百毫升的礦泉水售價三百日圓。吃飯時，點個啤酒、沙拉和義大利麵就要花上三千日圓，味道本身又沒有特別出色，ＣＰ值太低了，感覺自己像是在日本的江之島或是台場用餐，吃完就摸摸鼻子走人了。

二〇一八年的世足賽，克羅埃西亞勇奪亞軍，吸引世界各地的遊客紛沓而至，這讓當地人的態度也跟著強勢起來，在接待遊客方面也顯得蠻橫無禮。即便如此，在杜布羅夫尼克的街頭依然可以看到不少來自韓國、中國與日本的亞洲人面孔。

聽說有一部韓劇曾在此地取景，因此吸引大批韓國遊客到此一遊。而在日本，吉卜力電影的《紅豬》、《魔女宅急便》的部分場景，據說取自杜布羅夫尼克的舊城區，因此也廣受日本遊客的歡迎。

位於半島上的舊城區，被兩公里長的城牆所包圍，此區被指定為世界遺產。光是登上城牆，就得花費一百五十庫納（約七百元台幣），但是絕對值得。在蔚藍的大海與高聳的山峰之間極目遠眺，景色實在美極了。

在舊城區漫步時，我還看到了因《五體不滿足》一書而為人所知的乙武洋匡。他在社群平台推特上不斷更新在克羅埃西亞的所見所聞，聽說他本來就很喜歡這個國家。在他身邊，還有一位高個子的長髮美女，貌似是日本人。

令人彆扭的紀念館

從城牆四角的要塞中俯視舊城區，會發現屋頂的瓦片有兩種顏色，分別呈暗淡與鮮亮的橘色，前者占兩成，後者占八成。鮮亮的橘色屋頂是一九九一年克羅埃西亞從南斯拉夫獨立時，在戰火中遭到破壞後重建而成的。當時從海上打來的大量炮彈，使整座城市陷入戰火之中。

在前南斯拉夫，所有國家都捲入了慘烈的內戰與民族紛爭，克羅埃西亞也不例外。試圖獨立的杜布羅夫尼克受到了南斯拉夫聯邦軍隊的攻擊，造成兩百九十名軍隊和平民的犧牲，克羅埃西亞人付出慘烈代價，終於守住這座舊城區。

從舊城區乘坐纜車登上附近山頂，上面的戰爭紀念館就是介紹這場獨立戰爭。以克羅埃西亞的立場來看，這場戰爭無疑是至高榮耀的祖國保衛戰。但我在參觀時，總覺得有些彆扭。因為我知道，克羅埃西亞人在獨立前後，其實向周邊其他民族發起了十分殘酷的攻擊。

我對南斯拉夫內戰的烽火連天並不熟悉，所以在來巴爾幹半島旅遊之前，事先做了一些功課。紀實作家木村元彥所著的《前南斯拉夫三部曲》[1]就是很好的教材。木村的結論讓我留下深刻印象：這場戰爭不單是坊間流傳的「是塞爾維亞人發起的種族淨化」就可以說明，所謂「壞蛋」通常是由贏家塑造出來的。

令人失望的牡蠣名產地

從杜布羅夫尼克沿著亞得里亞海風景優美的海岸線北上，就能抵達波赫，途中會經過一個名為斯通的小漁港。之所以來此地，因為這裡是牡蠣的知名產地。

我對牡蠣的喜愛程度非同小可。無論到哪個國家，都會事先探聽吃得到牡蠣的地方，已經達到「給我牡蠣，其餘免談」的中毒程度。也許會一直吃到哪一天真的食物中毒了才肯罷休吧。

---

1 三部曲分別為：《榮耀——斯托伊科維奇的軌跡》（東京新聞出版社）、《惡人覲見——南斯拉夫足球戰記》（集英社）、《奧西姆的話語——球場對面見人生》（集英社）（以上書名皆為暫譯）。其中德拉甘．斯托伊科維奇（一九六五年～），暱稱「皮克西」，是一名已退役的塞爾維亞職業足球員，被認為是南斯拉夫和塞爾維亞足球史上最優秀的球員之一，現任中超廣州富力的總教練。伊維卡．奧西姆（Ivica Osim；一九四一年～）為波赫足球教練，前日本國家足球隊主教練，現波赫足總顧問。

斯通小漁港的牡蠣，似乎有些被吹捧過頭了。

美食家常說，牡蠣應該搭配葡萄酒，但是見仁見智，我認為並不很搭。牡蠣大多帶有濃濃的海味，搭配柑橘味的啤酒應該會更適合一些。

在杜布羅夫尼克市內的餐館，一顆牡蠣的售價高達十五～二十庫納（約七十～九十元台幣）。但在斯通鎮，價格落在十庫納（約四十六元台幣）左右。這裡的牡蠣是歐洲扁牡蠣，體型偏圓且較小，在法國較為常見。

走進老字號餐廳「Restaurant Sorgo」，我先點了十顆生牡蠣和一杯白葡萄酒。端上餐桌的牡蠣比想像的要小，鹹味較重，肉質也不豐滿，並沒有那麼美味。

我仔細瀏覽菜單，發現用各種方法調理的牡蠣和生牡蠣的價位相同。店家極力向我推薦能同時嚐到四種口味的牡蠣拼盤。或許是只吃生牡蠣的話，無法充分地感受到它的魅力吧。但老實說，吃完拼盤後，我也沒有太大的改觀。

我到訪的季節並不是牡蠣的淡季，而且後來我又吃過很多次，但一次次的失望讓人信心全失。那些大肆吹捧斯通牡蠣的日本旅遊網站，似乎有欺騙讀者之嫌。

塞爾維亞人的眼球

關於斯通鎮的牡蠣，有這樣一個故事。

二戰中，南斯拉夫境內的克羅埃西亞人與納粹德國合作，在一九四一年建立了納粹傀儡政權——克羅埃西亞獨立國。一九四五年，納粹投降後，它被南斯拉夫建國者約瑟普．布羅茲．狄托（Josip Broz Tito；一八九二～一九八〇年）率領的人民解放軍殲滅。但在那之前，這個獨立國的勢力範圍曾擴及到半個南斯拉夫之大，並實施了激進的民族政策。

克羅埃西亞人把塞爾維亞居民送進集中營，並進行大屠殺，犧牲者據說多達上百萬人。但時至今日，關於這點並沒有被明確證實，真相湮沒在歷史之中。

當時，克羅埃西亞獨立國的同盟國義大利有一位作家在訪問該國領導人時，看到桌上的籃子裡擺著一些小小的圓形物體。作家以為是克羅埃西亞的特產牡蠣，於是說：「看上去很美味啊！」而領導人自豪地答道：「不不，這都是塞爾維亞人的眼球。」

姑且不論真偽，克羅埃西亞獨立國的殘暴，令納粹都感到恐懼。在克羅埃西亞人對其他民族展開攻擊行為的背後，隱藏的是「大克羅埃西亞主義」（Velika Hrvatska）思想，而且一直延續到今日。

在地圖上觀察克羅埃西亞的領土，會發現它呈細長的倒L型，極不自然地延伸在亞得里亞海沿岸。克羅埃西亞人認為：「我們的領土本來應該是圓形的，比現在要廣闊得多。」他們認為的圓形，實際上包含比當前領土更廣闊的範圍。實現「真正的克羅埃西亞國家」，即「大克羅埃西亞」，就是從此一思想出發的。

大克羅埃西亞主義思想再度復活

克羅埃西亞把現在的領土比喻成「荷包蛋的蛋白」，蛋黃部分指的是現為波赫全境和塞爾維亞的部分領土，其實這種說法也暗喻著「我們應該要把蛋黃吃得一乾二淨」的陰暗想法，反映出大克羅埃西亞主義的殘暴主張。

一九九一年克羅埃西亞率先脫離南斯拉夫獨立後，一九九二年爆發波士尼亞戰爭，這種思想如同亡靈般再度復活。

我來到波士尼亞戰爭的舞臺——波赫。從盛產牡蠣的斯通鎮北上十公里，就會跨越國界，來到我的目的地，位於該國南部的莫斯塔爾。它是在波士尼亞戰爭中被徹底摧毀的城市之一，而破壞者就是克羅埃西亞人。

兩國的國界上設有大門，但沒人檢查簽證或是護照，車輛可以直接通過，並不是因為兩國關係友好才會如此寬鬆，其實是國界過於交錯複雜，居民往來頻繁，壓根兒無法有效管理，只好採取放任態度。

南斯拉夫戰爭使各國遭到嚴重破壞。在克羅埃西亞戰爭、科索沃戰爭、馬其頓戰爭等一系列戰爭中，最為慘烈的殺戮地點之一，就位於波赫。

通常，南斯拉夫被認為是「五個民族，四種語言，三種宗教」。波赫便是一個代表性的存在，境內的波士尼亞人（穆斯林）、克羅埃西亞人、塞爾維亞人各占三分之一，在這裡共同生活。

歷史教科書上都說，第一次世界大戰的導火線是發生在該國首都塞拉耶佛。大多數日本人並不清楚為什麼奧匈帝國的皇位繼承者在塞拉耶佛被暗殺，會引發一場世界大戰。但是我想可以確信的是在這個地區，無論做什麼，反正都會招致不滿和仇視。

既然如此，那就什麼都不做。狄托貫徹了此一政策。但在他逝世之後，南斯拉夫的解體打開地獄之門，其間便爆發了波士尼亞戰爭。

被塑造成壞蛋的塞爾維亞

莫斯塔爾是一座多民族城市，信仰伊斯蘭教的波士尼亞人、信仰東正教的塞爾維亞人，以及信仰天主教的克羅埃西亞人在此長期共存。著名的莫斯塔爾古橋坐落於市中心，是一座優美典雅的石拱橋。美麗的奈萊特瓦河在此緩緩流過。波士尼亞人和塞爾維亞人主要生活在該河流域，而大道對面則主要是克羅埃西亞人的居住區。

戰爭之初，克羅埃西亞人與波士尼亞人聯手驅逐了塞爾維亞人，後來相互之間又發生衝突。克羅埃西亞建立了名為「克羅埃西亞國防委員會」（ＨＶＯ）的民兵組織，現在

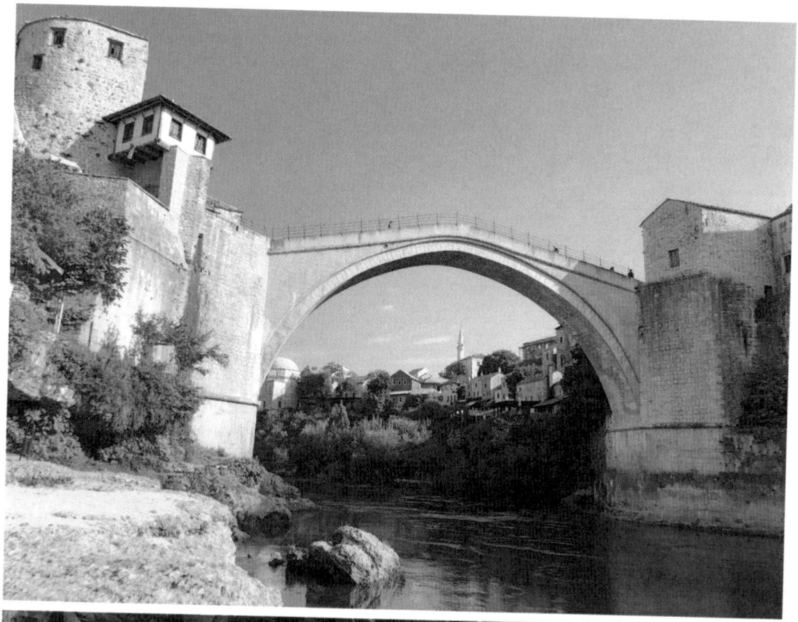

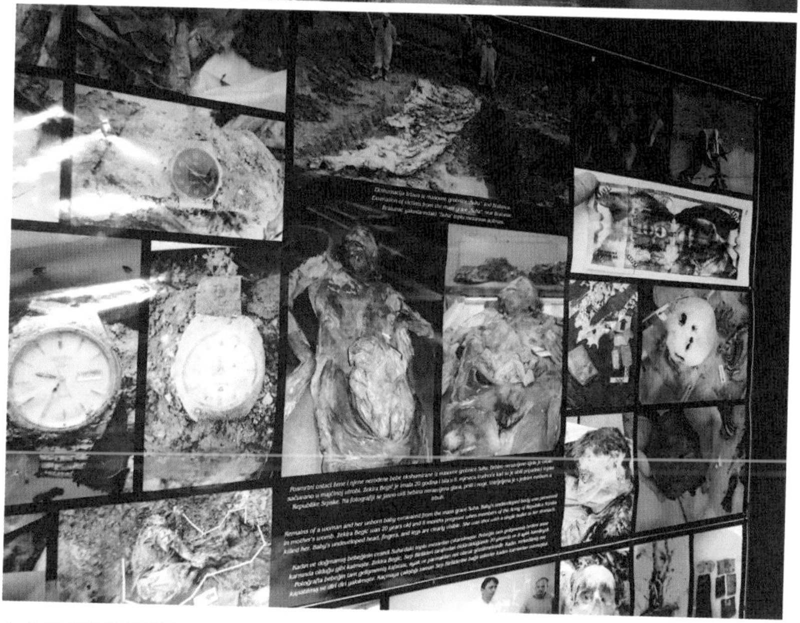

上：著名的莫斯塔爾古橋是一座優美典雅的石拱橋。
下：莫斯塔爾的屠殺紀念館，訴說著克羅埃西亞人的殘暴行為。

的克羅埃西亞政府暗中提供資金與武器。這樣做很明顯是要分割波士尼亞的領土，在該區域內實行種族淨化，驅逐其他民族。

「種族淨化」一詞，是在南斯拉夫戰爭被發明出來的。波士尼亞戰爭中，與波士尼亞政府合作的美國廣告代理公司將其作為標語，用來「宣傳」塞爾維亞人的暴行，使得該詞廣為人知。但它最初是克羅埃西亞在獨立戰爭中，攻擊塞爾維亞時使用的詞語。問題就在於，克羅埃西亞人明明也實行過「種族淨化」，但是給世人的印象卻像這是塞爾維亞人的專利。

我並非要把一切問題歸咎於克羅埃西亞，其實在那個時代，戰爭中的每一方都陷入瘋狂狀態，喪失理智。

在獨立戰爭中，克羅埃西亞把「種族淨化」作為宣傳，將塞爾維亞塑造為壞蛋，順利贏得獨立。後來，又策劃分割波赫，煽動該國境內的克羅埃西亞人進行武裝，並提供支援和武器，幫助其驅逐塞爾維亞人和波士尼亞人。

種族淨化的受害者，又成為種族淨化的執行者，陷入了惡性循環。然而很明顯的是，其中只有克羅埃西亞人成功達到目的。

莫斯塔爾還在重建之中，街上隨處可見在內戰中被破壞的房屋殘骸。可能是政府或屋主還沒有餘力去清理這些廢墟吧。殘骸周圍的盎然綠意，為本來就是綠蔭扶疏的美麗小鎮更增添了一種哀傷的美感，令人唏噓不已。

莫斯塔爾古橋附近的主幹道上，有一座屠殺紀念館。從工作人員的面貌來看，很容易得知這是穆斯林開設的。展示的內容主要是克羅埃西亞人的殘暴行為，裡面介紹了在各地集中營裡所發生的虐待與屠殺，讓人不寒而慄。

返程途中的意外

在幾乎已經對克羅埃西亞沒什麼好感的時候，我在返程途中遭遇了意外。行駛於克羅埃西亞人聚居的斯特拉茨街道時，我想停靠路肩拍照，但方向盤打得太底，輪胎磨到馬路旁的緣石。猛烈的衝擊下，車胎爆掉了。在這一帶，英語幾乎行不通，車上也沒有備胎，心急如焚的我冒出一身冷汗，只好把車停在路邊。這時，我從後視鏡裡看到後面的車中走出一位中年男子，用克羅埃西亞語向我喊著什麼。

他的手勢像是在說「放心地交給我吧！」之後，他熟練卸下輪胎，放在他的車上，並載我到距離有點遠的修理廠。買到輪胎後，又把我載回原地，幫忙裝好。最後還引導我到通往杜布羅夫尼克的道路上，直到我說：「到這裡就可以了，非常感謝。」

真是雪中送炭，我的眼淚都快掉出來了。道別時，我透過google翻譯軟體用克羅埃西亞語問他：「為什麼你會這樣熱心地幫我？」他回答：「助人為樂是克羅埃西亞人的驕傲。」並堅決謝絕我的謝禮。我詢問了他的名字和住址，後來寄了份禮物過去。

這樣的他可能是憎恨塞爾維亞人、支持種族淨化的一員。當然，也可能不是。

與正義對立的克羅埃西亞

明確地說，任何團體和個人，都存在著天使與惡魔的兩面。無論是日本還是其他國家，這一點都相同。在戰爭與紛爭中，並不存在絕對的好人或壞人，壞蛋都是被塑造出來的。

在世足賽上，克羅埃西亞隊的精彩表現讓全世界為之興奮。這種戰鬥姿態，源自於他們不屈的精神和通過長時間訓練而掌握的高超技巧，值得世人尊敬。克羅埃西亞也逐漸成為旅遊勝地，在前南斯拉夫諸國中一枝獨秀。任何國家都在盡全力生存下去，克羅埃西亞政府和人民的努力本身並沒有錯。

但在南斯拉夫戰爭中，克羅埃西亞也不全然是正義的一方。希望到訪這裡的人們能夠知道，當年的罪行至今仍未得到清算。來到杜布羅夫尼克戰爭紀念館的人，也不應單純地認為「塞爾維亞人竟如此殘忍」。因為幾乎就在同時，克羅埃西亞人在其他地方做了更為殘忍之事。以後在吃圓形牡蠣時，我肯定都會想起隱藏在他們心中的大克羅埃西亞主義野心。

秘魯．馬丘比丘

隱藏在美味玉米背後的悲哀

秘魯位於南美洲西部，15世紀印加人在此建立了印加帝國，但於16世紀被西班牙帝國征服，自此成為殖民地。馬丘比丘即為印加帝國最著名的遺蹟之一。

在秘魯的日子裡，我幾乎每頓飯都能見到各類玉米美食，比如玉米濃湯、碎牛肉玉米餅，還有既健康又美味的紫玉米果汁。

很少有食物能像玉米一樣，深植在我們的飲食生活之中。光是想像自己啃著剛煮好的玉米的瞬間，就讓人忍不住吞口水，這個味道已經烙印在腦海裡。烤玉米的口感也很不賴，帶點焦香的氣味十分誘人。經常在家庭餐廳中喝到的玉米濃湯，也是日本人從小就很熟悉的味道。

在歐洲國家以「發現新大陸」為名四處發動侵略的過程中，玉米傳播到全世界。為了追尋它的起源，我來到古印加帝國建造的「空中都市」——秘魯的馬丘比丘。

前往馬丘比丘的列車之旅

要想去幾乎被當成世界遺產代名詞的馬丘比丘，需要從另一處世界遺產——庫斯科古代都市出發，它曾是印加帝國首都。從海拔來看，庫斯科高三千四百公尺，馬丘比丘高二千四百公尺。要到庫斯科，一般要從秘魯首都利馬搭乘直升機前往，而利馬是位處海拔幾乎為零的低地，這一趟飛行，相當於從平地直接飛到富士山的山頂降落，很多人會出現高山症。

我找了醫生開高山症預防用藥「丹木斯」，從乘坐直升機的前兩天開始服用。抵達目的地後，身體幾乎沒有任何不適，只是頭有點暈。從庫斯科轉搭火車前往馬丘比丘途中，有很多處鐵路呈「之」字形（在坡度較大的山岳地帶，以某方向進入一個定點後再以反方向銳角折回，以便爬上陡坡），列車在山道中不斷地疾馳折返，海拔高度逐漸下降，頭暈的症狀也跟著消失了。

這條鐵路所屬的公司有個不錯的名字——印加鐵路，另一家公司叫作秘魯鐵路。前者是民營企業，後者則是資金無虞的國營企業。搭火車前往馬丘比丘需要三個多小時，外國人的車票貴得離譜，有時要一百多美元，但車廂內依然是人滿為患。

去程是乘坐印加鐵路，返程則改搭秘魯鐵路。從座位和車廂裝潢來看，秘魯鐵路略勝一籌，但是印加鐵路的餐點很美味，我吃到水煮大玉米。在日本，煮玉米是啃著吃的，但這裡的玉米個頭太大，只能一粒一粒剝下來吃，感覺很有趣，也算是打發時間的一種手段。

每頓飯的主角大玉米

大玉米並不像日本的玉米那麼甜，而是水分較多，略帶黏性。咀嚼一會兒之後，就能

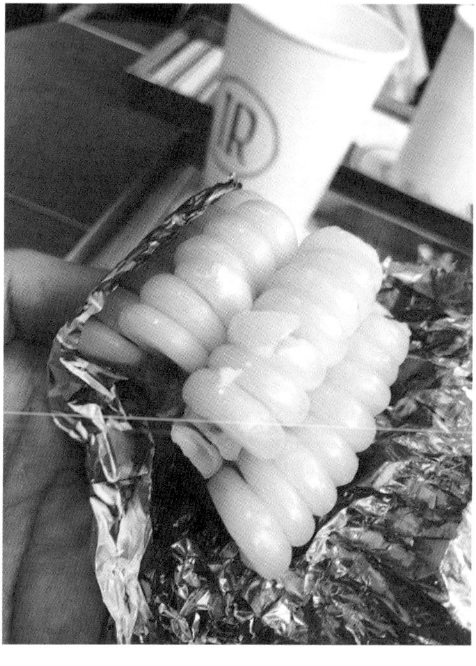

上：列車沿途可見種植玉米的
　　石砌梯田。
下：列車上販售的水煮大玉米。

品味到一絲奇妙的香甜。

在秘魯的日子裡，幾乎每頓飯都能見到以這種大玉米為代表的各類玉米美食。比如，在餐廳裡點了啤酒，就能得到一盤烤玉米粒當下酒菜。就像日本人少不了味增湯，我在這裡點了一份對秘魯人來說是不可或缺的「Chupe」玉米濃湯，發現裡面放了大量玉米粒。而「Pastel de choclo」（碎牛肉玉米餅）類似焗烤料理，磨碎的玉米醬鋪在焗烤盤的上下層，中間夾碎牛肉，最後再撒上乳酪焗烤，這道是我在這趟旅行中最喜愛的美食之一。

另外，我最愛喝的飲料是名為「Chicha Morada」的紫玉米果汁了。把紫玉米煮出味道，既健康又美味，是飲料中的最佳選擇。

在印加鐵路的車廂內一邊品嚐玉米，一邊眺望窗外的風景，越來越多的石砌梯田映入眼簾。十層二十層的梯田，彷彿是攀附在山坡上一般。上面到底種的是什麼呢？肯定不會是稻米和小麥，因為這裡沒辦法種植。過了一會兒，列車內的廣播介紹道：「梯田裡種的是玉米。」越是接近馬丘比丘，梯田的出現次數也頻繁起來。

被賦予特殊任務的秘密場所

抵達距離馬丘比丘最近的火車站後，乘客們轉搭巴士前往遺址。破舊的巴士在坡道上顛簸了二十分鐘，便抵達了目的地。

呈現在眼前的馬丘比丘景觀確實令人驚嘆，但是，並沒有想像中那樣壯觀，也許是我的想像過度膨脹了吧。神殿與民居的遺址井然有序，並沒什麼驚奇。與其說是古代都市，這裡更像是一種被賦予了特殊任務的神秘場所。

但這也是意料中之事。印加帝國仍在時，馬丘比丘的人口大概也是幾百人而已。此地的主要任務是為國家舉辦祭祀活動，並釀造玉米酒。也就是說，這裡是一座釀酒基地。

我在開頭提到「古代都市」一詞，但其實印加帝國在時間軸上並不屬於「古代」的範疇。古代一般是指西元前八世紀到五世紀的古希臘、古羅馬、中國秦漢、日本奈良和平安時代。而印加帝國是在十五世紀興起、十六世紀滅亡，距今只有五百年左右。

滅掉印加帝國的是來自西班牙的法蘭西斯科．皮薩羅（Francisco Pizarro，一四七八～一五四一年），可說是一位半流氓人物。他憑藉著僅有數百人的隊伍，用武力和謊言終結在南美洲擁有廣闊版圖的印加帝國。這場過於簡單的勝利，反映出基督教文明與其他被征服文明之間的巨大差距，在人類史上留下令人痛心的一頁。

透過參觀庫斯科和馬丘比丘的遺址，我覺得印加帝國在文化上比基督教文明更加先進，文明程度更高。但他們所缺少的是，除了槍砲之外，還有以神的名義冷酷滅絕其他文明的意志。

玉米酒的味道

在馬丘比丘散步是件累人的事。遺址位於高山的斜坡上，道路都是陡峭的坡道。在五十歲體力尚可的時候來這裡，真是來對了。有幾位老年遊客在爬坡途中就放棄了。雖然每個人情況不同，但旅行還真的是要趁年輕。可能有很多人想著退休之後再去旅行，但那時候就會受體力限制，選擇性也會少了許多。

在遺址周圍，我又看到了幾處梯田，上面種植著玉米。

令人驚訝的是，圍繞梯田堆砌的石牆相當精密。印加帝國把從安地斯山脈中採集的石材用在這個文明建設的核心位置。其石材加工技術之高超，令現代技術者都讚嘆不已。

印加帝國命令被自己征服的民族種植玉米，並將收成統一管理，用於食用和釀酒。玉

上：庫斯科的菜市場中五顏六色的玉米。
下：我在旅行中最喜愛的美食之一「Pastel de choclo」（碎牛肉玉米餅）。

米酒會被用在祭祀儀式中。

我在庫斯科的餐廳中喝過一次玉米酒，味道發酸，並不好喝，和紫玉米果汁相差甚遠。但是在印加帝國時代，這可是只有位高權重的人才能享用的奢侈品，有時也會賞賜給被征服的民族。

印加帝國——玉米的政權

今天，包括秘魯在內的安地斯民族享用著由玉米製成的各種美食，但自古以來，薯類才是這片地區的主食。現在，這兩種作物都成為主食，不同的是薯類可以在海拔四千公尺的高度種植，而玉米最高只能到三千公尺左右。

因此，印加帝國的首都庫斯科周邊並無法種植玉米。它只出現在馬丘比丘這樣海拔高度在三千公尺以下的地方，被釀成玉米酒後運往首都，作為神秘作物成就了耀眼的印加文明。

庫斯科的菜市場中，五顏六色的玉米令我目不暇給：黃色、紅色、紫色、白色，讓一直以為玉米只有黃色的我大開眼界。安地斯山脈居民的服裝色彩也如同玉米一般鮮豔亮麗。由五彩斑斕的玉米釀出的酒，印加帝國把玉米酒的神秘性發揮得淋漓盡致。

研究安地斯農耕文化的山本紀夫在著作《天空的帝國：印加》（二〇一一年，PHP新書）中寫道，傳說最初在這片土地上撒下玉米種子的，是印加帝國的創始者曼科・卡派克。在印加帝國成立的同時，玉米的種植在山岳地帶正式推廣開來。

如此一來，印加帝國也可以說是「玉米的政權」。考慮到玉米酒被神化以及當時的統治體制，這一說法十分具有說服力。

印加帝國的悲哀

盛產金銀並統一了南美大陸的印加帝國，在崛起的歐洲面前慘遭滅亡。但是，發源於此的食物卻在後來席捲整個世界。

在哥倫布發現新大陸的大航海時代，拉開了歐洲統治世界的序幕。以玉米和馬鈴薯兩大主食為首，番茄、酪梨、木瓜、花生、煙草、可可、辣椒等多種作物從新大陸傳到了舊大陸。

如果沒有玉米和馬鈴薯，那麼以薯條和爆米花為代表的美國速食就不會存在。至於辣椒，則跨越了整個地球，瞬間融入中國和韓國等東亞的飲食文化之中。而目前最受歡迎的義大利料理裡經常使用的番茄，在西班牙征服印加之前，也從未出現在義大利人的餐桌上。沒有番茄的話，恐怕義大利料理也無法像今天一樣在全世界擁有如此高的人氣吧。

相對地，從舊大陸傳到南美等地的，則是牛馬等家畜。但是，這遠遠無法與來自新大陸的「恩惠」相比。美國歷史學家阿爾弗雷德・克勞士比（Alfred Worcester Crosby, Jr.；一九三一～二〇一八年）將這個過程稱為「哥倫布大交換」。但在我看來，這是一場「不平等的交換」。

每當想起在食物方面從南美洲得到的恩惠，我都會被一種罪惡感所包圍。因為在庫斯科和馬丘比丘親眼看到，印加人後代的生活仍然無法脫離貧困。他們並未從世界上獲得應有的回報，成為單方面被掠奪的一方。

用玉米做成的各式美味，無形中倍增這種彌漫在馬丘比丘的印加帝國的悲哀。

北馬其頓．斯科普里

亞歷山大大帝
的「詛咒」

北馬其頓位於巴爾幹半島南部的內陸國家，1991年南斯拉夫解體後獨立，當時國號為馬其頓共和國，但由於鄰邦希臘對於此國名的使用有爭議，2019年更改國名。

馬其頓的釀葡萄酒歷史可以追溯到紀元前，價格便宜和品質好，且年產量在巴爾幹半島上僅次於塞爾維亞。雖然在國際上知名度不高，仍是許多葡萄酒愛好者趨之若鶩的聖地。

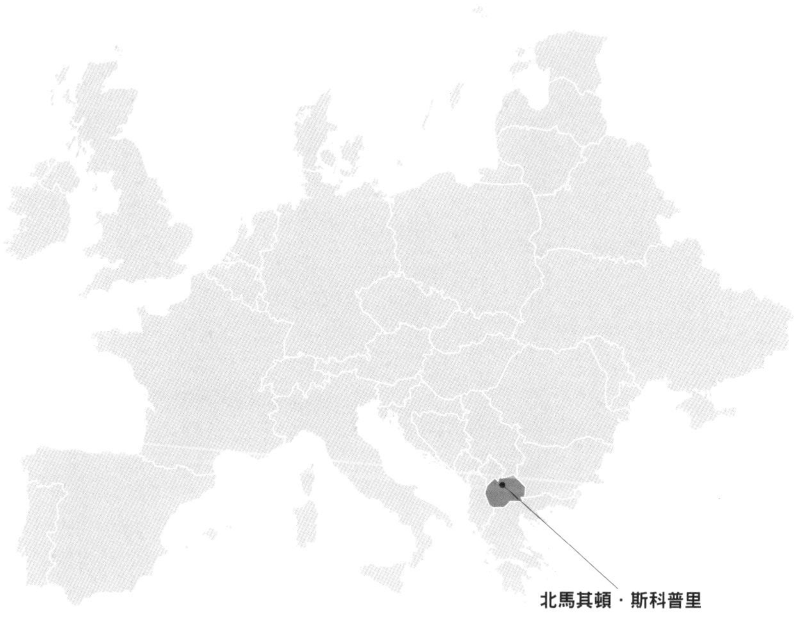

歷史宛如咒語般，總是把人類牢牢地束縛住。

有句話說：「歷史是由勝利者書寫的。」歷史確實是由後人編纂，正因如此，歷史本身擁有絕大力量去引導人民往特定方向形塑思考。甚至在中國或古羅馬，有不少人把如何名留青史當作是活在世上的最大使命，因為這樣一來，自己死後就可以免於受歷史審判。

民族國家（Nation-state）的概念是十九世紀以後誕生的，歷史的地位也跟著扶搖直上，因為民族國家的形成需要歷史來宣示其存在的正當性，尤其是新誕生的國家，更要編寫一套符合自己的歷史。對一個國家而言，歷史就是身分認同的依據。

然而，若一個國家欲建構的歷史，與其他國家已經存在的歷史出現齟齬，國家之間在歷史認知上的分歧演變成國際問題，甚至不時發生國際衝突，造成人民傷亡的例子也屢見不鮮。

託付於歷史巨人上誕生的國家

有一個國家在成立民族國家之際，把自己的身分認同託付在象徵「征服世界」的歷史巨人——亞歷山大大帝身上，那就是前南斯拉夫聯邦解體之後，一九九一年在巴爾幹半島中部誕生的馬其頓共和國（二〇一九年二月起改為北馬其頓共和國）。我到訪時，剛好是在國號改名的一年前。馬其頓曾經是台灣的邦交國，於一九九九年建交，二〇〇一年斷交，有過兩年多的外交關係。

馬其頓的首都斯科普里也是德瑞莎修女（Mater Teresia，一九一〇～一九九七年）的出生地。如果是初次到訪，我的旅行習慣是盡可能先往視野好的高處去。因為一座都市和國家的發展，往往與其地理條件密不可分。

正如我所期望，位在斯科普里南方的Vodna山，作為俯瞰整座城市的地點再適合不過了。山頂有座為了紀念西元兩千年而建設的千禧十字架，高達六十六公尺，從城市的每一個角落都可以清楚看到這座巨大十字架。

我開著租來的車子抵達山腰，接著再搭乘纜車到山頂。這座十字架不只是從遠處看覺得雄偉，即使近看，有層次的幾何造型也令人嘆服。夜間有燈光，十字架的輪廓在黑夜裡發亮，十分美麗。本來可以搭十字架內安裝的電梯登高望遠，可惜剛好在維修中，只好作罷。

上：當地有名的「牧羊人沙拉」（Çoban Salatas）。
下：馬其頓葡萄酒釀造歷史由來已久，品質更是優良。

馬其頓是個內陸小國，面積大約是九州的三分之二，南北方有山脈盤踞，平地少。從Vodna山的山頂往下眺望，唯一的平地就在瓦爾達爾河流經的首都斯科普里一帶。

從這裡往東可達保加利亞，往北鄰接科索沃，由此不難理解斯科普里自古以來作為交通要衝而繁榮的原因了。市內到處看得到古羅馬時代的遺跡，整座城市瀰漫著濃厚的歷史氛圍。

「NATO秘書長」訪問北馬的理由

停留斯科普里期間，飯店戒備突然變得森嚴。從山上開著租車返回飯店時，因為警備關係，車子不能進入地下停車場。以為是發生了什麼事，一問之下才知道是北大西洋公約組織（NATO；以下簡稱北約）秘書長延斯．史托騰伯格（Jens Stoltenberg，一九五九年～）與馬其頓共和國總理佐蘭．薩耶夫（一九七四年～）也在飯店用餐。餐廳前站著五位維安人員，有兩位配戴NATO的徽章，其他三位則配戴馬其頓政府的徽章。

步出飯店，到附近廣場閒逛，進入一間咖啡廳。我點了當地有名的「牧羊人沙拉」

（Çoban Salatas），上面放了大量碎起司，當然也少不了馬其頓產的葡萄酒。

古代文明的發跡地通常擁有釀酒的傳統，據說馬其頓的釀葡萄酒歷史可以追溯到紀元前，現在依然釀造著品質優良的葡萄酒，而且年產量在巴爾幹半島上僅次於塞爾維亞。雖然國際知名度不高，但價格便宜又品質好，是許多葡萄酒愛好者趨之若鶩的聖地。我點的是白葡萄酒品種「Zilavka」，名為「Alexandria」（亞歷山卓），口感略甜，是我喜歡的味道。

亞歷山卓是亞歷山大大帝在其征服之地建設的都市。從餐廳窗外可以看到斯科普里市區的廣場上，有座亞歷山大大帝騎馬的雕像，英姿颯颯。雕像底座四周是噴水池，夜晚會點燈，還可以欣賞到各式燈光的噴水秀，十分漂亮。

亞歷山大大帝一手創造的光輝歷史，成為新生國家馬其頓立足的基礎。

然而，這也是北約秘書長之所以訪問斯科普里的理由，也是阻礙馬其頓發展之路的絆腳石之一。

「亞歷山大大帝」爭奪戰

馬其頓沒有加強軍備的預算，千方百計想要加入北約，藉此被納入集團安全保護傘下，然而卻遭到北約盟國之一的希臘強烈反對。因為希臘人認為亞歷山大大帝曾經建立起的馬其頓王國是屬於他們的榮耀，不允許馬其頓共和國使用「馬其頓」作為國名。我們也許聽了會覺得沒什麼大不了的，可是這攸關著希臘人的身分認同。

歷史上的馬其頓王國（約西元前八百～前一百四十六年）確實是古代希臘的地方王國之一。在腓力二世（西元前三百八十二～前三百三十六年）卓越的領導下，擊敗雅典和底比斯等城邦，掌握希臘世界的霸權。腓力二世遭到暗殺，年輕的亞歷山大繼承了王位。

有關亞歷山大大帝輝煌的征服史，應該無須著墨太多。一九九一年誕生的馬其頓共和國選擇把在其土地上曾經出現過的歷史榮光作為國名，似乎無可厚非。

但是，希臘對於「馬其頓」有強烈的歸屬意識，認為這是屬於自己的文明，但如今形成馬其頓共和國的主體不是希臘人，而是在那之後南下的斯拉夫人。結果，馬其頓的國名爭議不只是造成長久以來與希臘之間的關係不睦，癥結點更在於亞歷山大大帝這位偉大人物的歷史「所有權」究竟是屬於誰的。

「馬其頓就是馬其頓」，部分人民堅持捍衛國名的立場。

現馬其頓政府採取現實主義，以加入北約為優先考量，因此希望國民也能夠支持改新國名為「北馬其頓共和國」的妥協案，一方面希臘政府也同意讓步，因此決定舉行國名變更的公民投票。

NATO秘書長到訪的隔天是馬其頓建國紀念日（九月八日），但是晚上有很多民眾聚集在廣場上，呼籲以公民投票決定國家是否改名。到處都可以看到大家手上拿著烤玉米，在巴爾幹半島，不管去到哪裡，烤玉米是不可或缺的點心之一。我小時候就非常喜歡吃烤玉米，所以也忍不住買來吃。我一手拿著玉米芯在廣場漫步時，看到幾百位市民在角落聚集。

雖然我不懂馬其頓語，可是看到裡面有一些人高舉英文的抗議立牌，上面寫著：「馬其頓就是馬其頓」。他們似乎是民族主義分子，不同於那些積極推動改名的官僚，而是站在堅持捍衛國名的立場。

歷史的「所有權」是誰的？

馬其頓所在的巴爾幹半島在歷史上又被稱為「歐洲的火藥庫」，那是因為錯綜複雜的歷史和多元民族的存在。過去，曾經受到鄂圖曼土耳其帝國和前南斯拉夫等巨大國家的壓制，現在擺脫束縛了，但民族衝突的岩漿似乎在和平底下蠢蠢欲動。

對日本人而言，亞歷山大大帝是英雄，這一點毫無疑問，也沒有矛盾。但是，對於生活在這裡的人民而言，這位英雄的歷史是屬於誰的，「所有權」成了重大問題，甚至影響到國際利害關係。雖然探討背後的箇中原因是有趣的，但是現實發展如何也令人擔憂。

離開斯科普里之後不久，馬其頓二〇一八年九月三十日舉行公投，而且是當日開票。

投票結果頗富戲劇性，贊成票有九十一%，獲得壓倒性支持，可是投票率未達過半門檻，只有三十七%，所以公投結果不成立。

雖然支持國名變更的贊成派較為強勢，但是反對勢力也不容小覷。看樣子，鼓勵人民不去投票，透過低投票率讓公投失敗的戰略奏效了。

但是，積極推動改名的薩耶夫總理並不氣餒，反而展現出堅定意志，在國會上提出國名變更的修憲法案，並在二〇一九年一月於國會上表決通過，正式改為「北馬其頓共和國」，而希臘國會也通過馬其頓改名的協議。北馬其頓在隔月旋即成功加入北約。

歷史的所有權究竟屬於誰，誰可以獲得解釋權？這在和中國、韓國等存在著歷史爭議的日本人看來，是值得深思的問題。我一面思考著，突然想起了那時在斯科普里喝到的白酒味道，真是美妙啊。

肯亞・奈洛比

在「第三波」咖啡熱潮中
人氣高漲的肯亞咖啡

肯亞位於東非，瀕臨印度洋，曾是英國殖民地，1963年從英國獨立。國內共有四十二個民族，基庫尤族為最大部族，馬賽人是較為世人所知的戰鬥民族之一。

全球正興起的「第三波咖啡」浪潮中，追求的是各地咖啡豆的獨特味道，以我的感受來說，肯亞咖啡包含了酸味、苦味和果實香味，正合我的口味。

有句話說：「機場是一個國家的鏡子」，確實可以從中窺見一點端倪。在治安不好的國家，在機場大家會本能提高警覺，仔細環視周遭是否有可疑人物存在，避免被捲入不必要的麻煩之中。這樣的機場通常會充斥著一種特殊的緊張氛圍。

這個時候，我會放慢腳步，找個咖啡廳或椅子坐下來，遠遠觀察人們的一舉一動。找出危險人物是否存在以及在哪裡，是十分重要的事。

肯亞的首都奈洛比，在馬賽語中有「冰涼的水」之意，其由來可能是因為這裡有水，所以慢慢形成了聚落，後來擴大為城市的緣故吧。不少旅遊書和個人遊記裡都說肯亞治安很差，所以我一抵達機場時充滿戒心，但令人「掃興」的是，機場裡氣氛平和，感受不到什麼危險，直覺告訴我這裡是安全的，終於鬆了一口氣。

然而，從機場前往市區途中，我被困在擁擠的車陣中，幾乎動彈不得。若從交通的角度來看，奈洛比是座不折不扣的「危險城市」。大型巴士、被稱為「Matatu」的私營公車、自小客車、摩托車恣意橫行，任意變換車道，過了十分鐘卻還行進不到一百公尺。原本三十分鐘車程就可抵達的飯店，足足花了兩個小時，一路上龜速緩行。

周期性的治安惡化

無論是哪個國家，計程車司機幾乎都是萬事通，若可以攀談上幾句，總會有意想不到的收穫。這位載我的計程車司機也是肚子裡有墨水的知識分子，熟知肯亞的政治情勢。他大概三十五歲前後曾經在日本企業工作過。

從機場的名字開始，他很熱情地向首次踏入非洲土地的我介紹道：「喬莫．甘耶達（Jomo Kenyatta）國際機場，是以肯亞第一任總統的名字命名的。」

「嗯，很多國家都是這樣子。」

「甘耶達是基庫尤人。基庫尤人始終控制著整個國家，招致其他族群的嫉恨，造成嚴重的政治對立，幾乎每逢選舉就會搞得雞犬不寧。肯亞現任總統烏胡魯．甘耶達（Uhuru Muigai Kenyatta；一九六一年～），就是甘耶達的兒子。基庫尤人的人口在肯亞各族群裡是最多的，勢力自然也很龐大。」

「這麼說來，肯亞一直是基庫尤人的天下囉？」

「也不是。甘耶達之後的第二任總統阿拉普．莫伊（Daniel arap Moi；一九二四年～）執政了二十四年，他在任期間，基庫尤人受到了排擠。」

冰凍三尺，非一日之寒，肯亞的族群問題似乎由來已久。總而言之，應該是基庫尤人與其他民族相互抗衡的政治結構吧。

司機告訴我，每逢五年一度的選舉前後，治安就會急劇惡化。外界總是以選舉時期的治安狀況作為指標，大肆宣揚肯亞是很危險的國家，才會讓外國遊客有了錯誤認知。

「去年選舉已經結束了，所以現在很安全。要是危險的話，我哪還敢出來開計程車呀。遇到選舉時，我會在鄉下老家種咖啡豆。」

《遠離非洲》的魅力

計程車司機是康巴人，該民族分布在肯亞東部地區。在奈洛比處於「戰爭」狀態時，他會返鄉避難。他還告訴我，康巴人裡面有很多知識分子。

「肯亞的咖啡特別好喝。《遠離非洲》這部電影，你應該看過吧？」

我當然看過，主角是知名實力派女星梅莉．史翠普。電影名稱是《Out of Africa》，但是日文片名是《愛と哀しみの果て》（中譯為愛與哀愁的盡頭），有些直白無力，但電影本身很不錯。不過，話題怎麼突然轉到了電影上？

抵達飯店時，已經是晚上。雖說奈洛比的治安已經有所改善，但人們還是告誡我晚上儘量不要單獨出門。於是我點播了這部電影，時隔幾十年重溫了一遍。

影片講述的是梅莉・史翠普扮演的女主角在肯亞經營咖啡園並遭遇破產的故事，改編自丹麥女作家凱倫・白烈森（Karen Blixen，一八八五～一九六二年）的同名自傳小說。

凱倫的故居位於奈洛比郊外，現在成為紀念館。我在第二天一大早來到這裡，寬闊的庭院正在舉辦婚禮。穿著西裝與著民族服裝的人們聚在一起，主持和致辭使用的都是英語。

肯亞共有四十二個民族。在日本較為知名的馬賽人是其中一個戰鬥民族。各民族使用的語言互不相同，通用語是斯瓦希里語和英語，但奈洛比的精英階層更偏愛後者。英語水準高是肯亞人的驕傲，這也是包括日本在內的西方國家與國際機構都選擇將該國作為非洲聯絡窗口的原因之一。眼前的婚禮，可以說是肯亞精英分子的盛大聚會。

一九八五年上映的《遠離非洲》大獲成功，囊括第五十八屆奧斯卡金像獎的七項大獎，受到世界矚目，因此肯亞政府設立了這座紀念館。凱倫用過的家具和廚具都以原貌展出。她和戀人在馬賽馬拉（現為國家公園）獵到的獅子毛皮也陳列於此。在電影中

凱倫的故居現在已經成為紀念館。

扮演她戀人的是當年還很年輕的勞勃．瑞福。

凱倫的繪畫才能也令人驚訝。她留下了很多肯亞人的肖像油畫，才氣洋溢在畫布之上。除了文學成就，她在藝術上也頗有造詣。

歐洲人留下的社會構造

一八八五年出生的凱倫是丹麥貴族。在哥本哈根與法國巴黎學習繪畫之後，一九一三年與身為遠親的瑞典男爵結婚，隔年移居至肯亞。她開設咖啡莊園，經歷了離婚，後來又失去戀人，最終回到丹麥，以作家身分留下十一部作品。丹麥的支票和紙幣上，都印有她的肖像。

凱倫的咖啡莊園毀於一場不明大火。在《遠離非洲》中扮演她的梅莉說的那句台詞：「All gone」（一切都完了），令人印象十分深刻。

然而，如果凱倫的事業沒有失敗，《遠離非洲》的小說與電影就不會問世了。雖然傾注畢生心血的事業化為烏有，還有被丈夫傳染了梅毒而無法生育，但是她作為連接非洲與歐洲的偉人，得以在歷史上留名。

但是，要說包括凱倫在內的歐洲人是否為非洲人帶來幸福，答案是否定的。強制推廣咖啡種植的政策破壞了非洲人原先以狩獵與畜牧為中心的生活形態，更重要的是，在非洲留下了貧富差距的社會結構。

凱倫在非洲的日子是富有美感的。而在她度過青春的地方，肯亞的上流社會正在舉辦奢華的聚會，令人不禁在腦海中將兩者重疊起來。

凱倫紀念館位於歐洲人曾經聚集的高級住宅區，現在大多住著肯亞政府的達官權貴。這裡有很多像是城堡般的豪華宅邸，周圍設立了高牆與鐵絲網，以及無數的監視器。

這就是社會貧富差距的真實寫照。眼前富麗堂皇的景象，與奈洛比隨處可見的貧民窟和簡陋住宅之間，存在著無法填補的鴻溝。如果不是依附權力往上爬，共同瓜分國家利益的話，一個人再怎麼拚命工作賺錢，也無法入住這裡。因此，各民族之間才會為了權力爭得你死我活。

而這種社會結構的罪魁禍首，毫無疑問就是歐洲人。

恰到好處的肯亞咖啡

白天在奈洛比市內漫步，我發現有很多充滿時尚的咖啡廳坐落其間。使用紅色招牌、有「肯亞星巴克」之稱的咖啡連鎖店「JAVA House」尤其引人矚目。特別是到了傍晚，想找個空位坐下來都很困難，生意非常好。

沒一會兒，我便發現其中緣故：很多客人是為了避開下班顛峰時段而在這裡打發時間的。晚上八點左右，塞車狀況就緩解許多，咖啡店的營業時間也到九點左右。

待在肯亞期間，我到JAVA光顧了很多次。平時，我在咖啡廳會依照心情點杯拿鐵或是茶類，但在這裡固定喝黑咖啡，因為最能喝出肯亞咖啡的特色。

我住的飯店裡，有另一家當地的咖啡連鎖店「Café American」。店長愛德華告訴我，肯亞咖啡使用的是阿拉比卡品種，全國都有種植。「肯亞咖啡同時擁有酸甜兩種味道，深烘焙會有酸味，淺烘焙會有甜味。我希望客人同時享受到這兩種口味，所以採用了中烘焙手法。」

我對咖啡的瞭解不深。以我的感受來說，肯亞咖啡有一種恰到好處的特色。味道裡包含了酸味、苦味和果實香味，不管是哪一種都不會太濃烈。我並不喜歡星巴克深烘焙的濃厚咖啡，但日本家庭式餐廳裡，淡到幾乎能見到杯底的美式咖啡的味道又略嫌不足。對我來說，肯亞咖啡正合口味。

在第三波咖啡浪潮中趁勢而起的肯亞咖啡

咖啡起源於非洲衣索比亞，經由阿拉伯半島進入伊斯蘭世界，之後傳入歐洲。由於咖啡豆大多集中在葉門的摩卡港裝船運輸，所以「摩卡」成為咖啡的代名詞，廣為世人所知。

隨著歐洲殖民地不斷擴大，巴西、印尼爪哇島等地也開始大量生產咖啡豆。後來，咖啡的種植重返非洲，在衣索比亞以外的國家普及開來。

上：肯亞咖啡有一種恰到好處的特色，正合我的口味。
下：拜訪肯亞近郊的馬賽族村落。

目前，咖啡正在迎接全球的「第三波」浪潮。「第一波」是戰後流行起來的美式淺烘焙咖啡，日本的ＵＣＣ品牌是其代表作，咖啡的消費市場開始快速成長；第二波是七〇至九〇年代流行起來、誕生於美國西雅圖的深烘焙咖啡，星巴克等連鎖咖啡廳的出現，使得咖啡文化風靡全球。

今天，正在席捲全球的「第三波」浪潮則是重視咖啡產地和烘培的精品咖啡嶄露頭角，追求的是各地咖啡豆的獨特味道。乘著這波浪潮，肯亞咖啡也在建立自己的口碑，值得給予支持與鼓勵。

馬賽族的牛與新娘的故事

然而，要說肯亞人是不是特別喜歡咖啡，答案是否定的。

我來到一個位於近郊的馬賽族村落，詢問村裡的年輕人喝不喝咖啡時，他們立即搖頭說：「不喝。」肯亞人愛喝茶，尤其是馬賽族，而且只喝用牛奶煮出來的奶茶。咖啡中也有放牛奶的拿鐵，但從製作的便利性來看，紅茶顯然更勝一籌。人們把這種飲料稱為「肯亞茶」。

他們只喝奶茶的習慣，也和以牛為中心的日常生活有關。

我在馬賽族村落聽到了牛和新娘的故事，非常有趣。馬賽族的習俗規定男方在結婚時要贈與女方家牛隻。隨著經濟發展，市場行情也會產生變化，目前是平均六頭牛。一頭牛的價格大約三十萬日圓，這樣算起來金額也很可觀，要結個婚也所費不貲。

如果男方無法一次付清，也可以分期支付。但是，如果第二個孩子出生時還湊不出來，女方家可以行使權利，把女兒要回來。新娘價值是用牛隻頭數來決定，不免被認為是物化女性，但也算是公開透明。

在村子裡，男女都沒有選擇對方的權利，一切由長老決定。即使男方喜歡上女方，只要長老不同意，一切就免談。「長老是絕對的權威」，村裡的年輕人一邊嚴肅地對我說，一邊把牛角製成的容器拿到嘴邊，一口飲盡裡面的奶茶。

微薄的勞動回報

再回到咖啡的話題。一般來說，一公斤咖啡豆能沖泡一百杯咖啡，每杯在日本大概賣兩百日圓左右。這樣計算的話，一公斤咖啡豆能夠帶來兩萬日圓的收益。

但在肯亞當地，賣出一公斤咖啡豆只能賺兩百日圓，僅是銷售價格的百分之一。

無論怎麼看，這都是不公平的。

法國記者讓・皮埃爾・波利斯（Jean-Pierre Boris）在《咖啡、可可、大米、棉花、胡椒的暗黑物語》（*Commerce inéquitable Le roman noir des matières premières*）（二〇〇五年；作品社出版）一書中寫道：「咖啡的生產使農民走向毀滅。每次咖啡豆的收穫，都會把他們推向毀滅與貧困。」事實正是如此。

然而，即使是建立在這種不公平的社會結構上，如果肯亞咖啡能在全球受到歡迎，肯亞人民也會富裕起來。對我而言，若有機會品嚐到更多新口味的咖啡，何嘗不是一件好事。今後不管到哪裡，若看到「肯亞咖啡」時，愛上那種恰到好處味道的我，都會毫不猶豫點上一杯。

PART 3

食之味
的奇幻探訪

台灣・日本

NHK晨間劇《萬福》的雞汁麵，真的是「發明」的嗎？（上）

因為對於雞汁麵的深厚情感，我決定一探雞汁麵的起源，實際走一趟台灣南部。從彰化員林的「清記冰果店」的油炸雞絲麵，到台南百年老店「阿瑞意麵」使用油炸的意麵，讓我堅信雞汁麵的源流來自於台灣南部。

在安藤宣稱「發明」的更早以前，他的故鄉所在的台灣南部，已經普遍使用油炸方法來保存麵條。

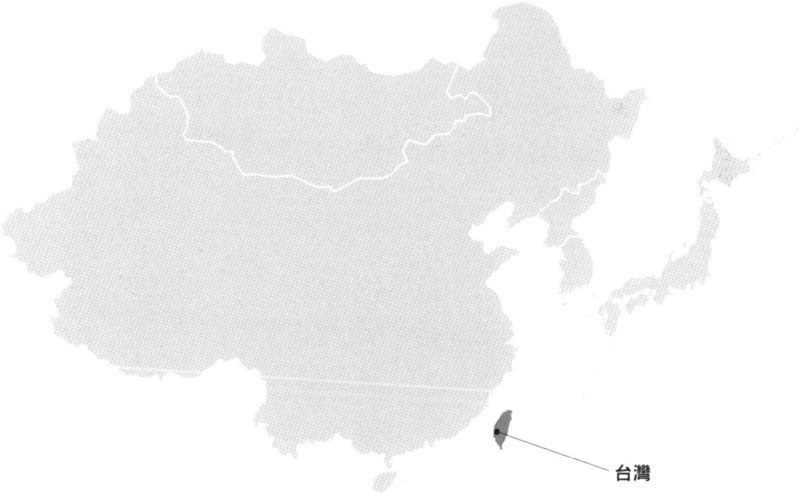

二〇一八年十月開播的NHK晨間劇《萬福》是以日清食品創辦人安藤百福與妻子仁子為原型改編，自開播以來頗受好評，劇情尾聲的高潮是，安藤從身無分文到開發出雞汁麵的「人生逆轉勝」。另一方面，安藤或是日清食品方面從以前開始就強調「發明」說，這部分其實也引發不少爭議。

令人生疑的「發明」說

宵夜吃雞汁麵是我的一大樂趣。日清的雞汁麵不用調味包，非常方便，泡麵加水煮好，調味好的麵條就會釋放出混合著醬油、雞高湯和油的湯汁，用筷子攪拌，讓麵和湯汁充分融合後，一口接著一口欸欸地吸麵。高中時代，要準備考大學時，陪我挑燈夜戰的好夥伴就是雞汁麵了。半夜肚子餓，就把水和泡麵同時放入鍋子裡，因為當水煮沸了，麵條也吸附飽滿的湯汁，心血來潮時，就再加一顆蛋。

我想，日本應該有不少考生都受到雞汁麵的照顧吧。考大學時，臨時抱佛腳的我能夠勉強考上志願學校，也許有部分要歸功於雞汁麵提供的能量，也就是說雞汁麵有恩於我。

我在上一本新書《漂流日本：失去故鄉的台灣人》（二〇一九年；游擊文化）裡，也曾介紹日清食品的創辦人安藤百福。為了取材，我特地到分別設置在大阪府池田市與神奈川縣橫濱市的「安藤百福發明紀念館」一探究竟。這兩處都設有研究小屋，詳細說明安藤反覆嘗試錯誤，終於發明雞汁麵的原委。

當我看到紀念館中的解說時，感覺內容過度自我膨脹。所謂的發明，是一項科學實驗的結果，事實本身必須具有說服力。紀念館內的展示似乎太過美化，有誇大之嫌，宣傳意味濃厚。

根據安藤的自傳《魔法拉麵的發明物語》（二〇〇二年；日本經濟新聞社），安藤在二戰結束後不久，因為經營的信用合作社破產而身無分文。於是，在自家蓋了一棟研究小屋，全心投入泡麵的開發，在絞盡腦汁之後，看到妻子炸天婦羅的身影得到靈感，成功研發出用油炸麵的「油熱乾燥法」。安藤把這個稱作「發明」，可是我對此說法感到存疑。

我決定一探雞汁麵的起源，實際走一趟台灣南部。我要強調的是，這一切的奔波都來自於我對雞汁麵的深厚情感。

前往台灣雞汁麵的「本家」

從日本到台灣，搭機大約三個小時就可抵達，非常方便。我的目的地是中部的彰化縣，日本人可能不太熟悉，更何況我要去的員林鎮，不是旅遊書上會出現的熱門景點。因為我聽說這裡有一間雞汁麵的「本家」。

從桃園國際機場直接前往高鐵桃園站，花了大約一個小時抵達彰化站（田中鎮），之後搭計程車到員林，車程約二十分鐘。

員林車站前有一間「清記冰果店」，店長戴逸接受了採訪。

這間店是由戴逸的祖父戴清潭於一九四六年創立，當時日本戰敗後不久，他在日治時代的日本名叫「田代」，曾當過日本兵。

因為最初是販賣冰棒和水果，所以店名至今也保留了「冰果」兩個字。但是，到了淡季冬天，生意就會變差，於是開始賣紅豆湯等甜品，除此之外，戴清潭還想要做出另一道有特色的熱食，他的妻子想到用油炸麵的料理。

把極細麵條下鍋油炸，湯則是使用雞高湯下去煮，這道熱食命名為「雞絲麵」開始販售。這不就是「雞汁麵」的原型嗎？不同之處在於麵條油炸完後，會灑上調味粉，「雞

「清記冰果店」的油炸「雞絲麵」。

汁麵」則是在油炸前就將麵條進行調味。雞絲麵使用細麵，戴逸表示是因為粗麵不容易油炸。

送到日本的雞絲麵

店內的廚房正好在下麵油炸，戴逸說油炸方法基本上和祖父時代一樣，沒什麼改變。麵條放入油炸三十秒，每個禮拜統一油炸一次，進行保存。因為油會附著在麵條上面，所以倒入熱水沖泡或煮開時，會有「油香味」，這也是美味的秘訣。本來是使用豬油油炸，可是現在改為菜籽油。

戴清潭的雞絲麵大受好評，一下子就在台灣各地傳開了。這是早在安藤宣稱「發明」雞汁麵之前，整整超過十年以上的事情。

戰後的日本面臨食糧危機，很多從戰前就住在日本的台灣人，請在台灣的家人用海運寄送雞絲麵過來，推測當時有不少雞絲麵頻繁地被寄往日本。

台日混血作家一青妙的父親是出身於台灣五大家族之一的顏家長男顏惠民，戰前曾在日本留學，終戰後曾短暫返回台灣，一九四九年再度回到日本。她曾經這樣回憶：「父親在終戰後不久又回到日本，聽說他經常邀請日本友人到家裡作客，一起吃飯。父親過世後，才從他同學那裡聽到在父親家裡經常吃得到『ke-si--mi』，所以大家都很期待。」

「ke-si--mi」就是雞絲麵的閩南語發音。

根據安藤自傳，雞汁麵的發明是在一九五八年。但是，一青妙的父親在更早之前，終戰後不久就在日本吃到雞絲麵了。

在清記冰果店，雞絲麵的調味基底是使用雞肉、柴魚片，還有放入炸蒜片、冬季蔬菜等配料。「雞絲麵販售至今有七十年了，味道始終如一。」戴逸如此說道。我點了之後，品嚐這道傳承超過一甲子的台灣小吃。

與雞汁麵相比，湯頭味道較淡，麵條也很細。一碗熱量只有兩百四十五卡路里，是非常適合深夜肚子餓時的解饞小品。還有，兩者的相似點都是可以加上一顆蛋，添加風味。

以訛傳訛的發明說

雞汁麵是由安藤「發明」的，這個說法經常被放大後一再以訛傳訛。尤其是在日本，配合二〇一八年十月開播的NHK晨間劇《萬福》，很多泡麵的相關書籍順便搭上了這班順風車相繼出版。例如，二〇一八年九月出版的徐航明《中華料理進化論》（east新書Q）一書裡，就寫道「日清食品創辦人安藤百福是泡麵之父」，直接引用安藤自傳《魔法拉麵的發明物語》裡的內容。

由安藤百福發明紀念館出版的《雞汁麵發明者之妻安藤仁子真實故事》（二〇一八年；中央公論新社）或是《安藤百福與妻子仁子發明泡麵的故事》（二〇一八年；KADOKAWA）等書籍，當然也是以發明說為依據。

二〇一一年出版的速水健朗《拉麵與愛國》（講談社現代新書）裡，也寫到「當時，百福自己也沒有品嚐過支那麵，但是他想如果支那麵可以更加輕便，例如在家就可以簡單煮來吃的話，這個生意一定會成功吧。」作者試著描述安藤的心情。

但是，這樣的敘述完全缺乏說服力。因為安藤生長在有麵食文化的台灣，照理說不可能沒有吃過支那麵（＝湯麵）。

我對於安藤的發明說就這樣以訛傳訛、逐漸擴大開來感到警戒。接下來要進入雞汁麵橋段的《萬福》想必也是採「發明」說吧。也許有人認為雖然是基於真人真事改編，但是電視劇基本上就是虛構的，應該無傷大雅。可是，對於「發明」這樣的客觀事實，我覺得必須傳達正確資訊，更何況是流傳後世的印刷品。

老字號的台南「意麵」

從彰化繼續往南行，會經過嘉義縣朴子市，這是安藤百福生長的地方。從朴子再稍微往南，隔壁的行政區域就是台南市。在兩縣交界處的鹽水區，是台南特產「意麵」的產地。

意麵的口感有點像名古屋的棊子麵（きしめん），麵條平寬，特色是吃起來有彈性。

老字號「阿瑞意麵」的意麵。

在街上，可以看到曬麵的景象，意麵店也隨處可見。

我吃了一口，很接近雞汁麵的口感，都是有彈性的平麵。吃法可分為「湯麵」和「乾麵」，後者是將麵條煮好瀝乾後，加入調味料或食材混合，支持者各半。我同時點了這兩種。在台灣，單點麵類的話，分量大概是日本拉麵的一半，還有各式小菜任君挑選，這樣就是一餐了。因此，即使點了兩種，也可以全部吃完，一點都不成問題。吃完後的感想是，我投乾麵一票，因為比較可以充分享受麵條的彈性。

再往南行，這趟麵的旅行最終站來到位於台南市中心的「西市場」，在台南被稱為最有歷史的市場。原本是布料材料集中地，但是當紡織成為夕陽產業後，取而代之的是以在市場做生意的人為對象的小吃店大受歡迎。就像是築地市場的場內市場，可以看到絡繹不絕的人潮。

經過有點昏暗的通道，往市場裡面走去，角落有一間從一九一五（大正四）年開始營業的老字號「阿瑞意麵」。在如此不起眼的地方，從上午開始就擠滿了常客，至今也是百年老店了。

「從大正時代開始就用油炸麵」

這間店的招牌就是油炸意麵。

現在的老闆是第三代接手的葉瑞榮，父母親在日治時代接受過日本教育，在這樣的成長環境下，他在家裡也稱呼爸媽為「多桑、卡桑」。

「根據我從父親那裡直接聽來的，祖父開店的四年後就想出油炸意麵，因為台南天氣炎熱，希望盡可能保存久一點。」

油炸後的麵條等到冷卻，再裝入塑膠袋內。即便如此，也只能保存五天左右，但是手工現做的麵條只能保存兩天，還是差很多。

「因為是油炸的，所以倒入滾燙的熱水讓麵條恢復原狀，是很關鍵的。如果不這麼做，麵的口感就失去彈性，缺乏嚼勁。如果能讓客人覺得阿瑞意麵跟其他家味道不一樣，我們就心滿意足了。」

和雞汁麵同樣是平打麵，勁彈滑順的口感讓人停不了口。淋上肉燥、灑些蔥末，再配上一兩塊肉片，還有半顆滷蛋。這一碗柔軟有深度的意麵，是一種會讓人三不五時想要光顧的味道，不愧是百年下來濃縮的精華。

我詢問葉先生，對於日本的安藤主張在一九五八年「發明」油熱乾燥法，有何感想時，他的回答令我印象深刻。

「我家從大正時代就開始用油炸麵。這是千真萬確的。我自己已經六十三歲了。這份工作也有五十年了，這是事實。至於其他就無所謂了。」

還有，他又如此補充：「見仁見智。」

確實如此。而且，我也有我自己的看法，堅信雞汁麵的源流來自於台灣南部。在安藤宣稱「發明」的更早以前，他的故鄉所在的台灣南部，已經普遍使用油炸方法來保存麵條。

那麼，雞汁麵發售的當時，日本又是如何看待安藤的「發明」呢？在下一個目的地大阪，有位與安藤同樣出身台灣南部的台灣人——他賣了有關速食麵製造法的「專利」給發售雞汁麵的安藤，而他的後代等著我。

NHK晨間劇《萬福》的雞汁麵，真的是「發明」的嗎？（下）

在泡麵的黎明期，那些台灣出身者把在故鄉已經普及的油炸乾燥麵製法帶入日本，大家為了想要在事業上獲得成功而相互廝殺，而安藤和張國文也身在其中。

這個時期的泡麵市場是爭搶專利的「戰國時代」，最後勝利且買下專利的，是安藤的日清食品所推出的「雞汁麵」。

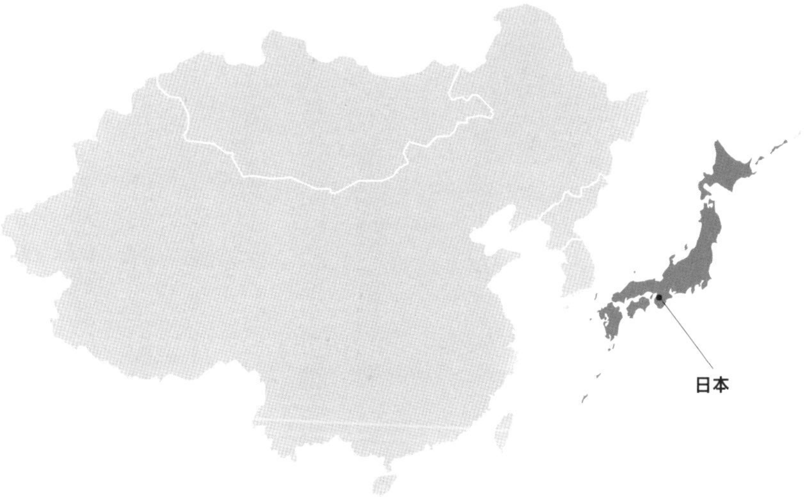

電影《南極料理人》（二〇〇九年上映）是由真人真事改編，描寫一位被派遣到南極基地的海上保安廳所屬廚師，為在那裡過著與世隔絕生活的觀測隊員煮一手好菜，療癒他們累積的生活壓力。他們苦思焦慮的結果，最想吃的料理不是飯糰，也不是味噌湯，而是拉麵。

其中一位隊員如此喊道：「我的身體是用拉麵做成的！」引人噴飯的內容，相反地也可以感受到隊員窮途末路的心境。拉麵的原點來自中華料理，但在日本獨自發展成了自己的一套飲食文化，奠定國民食物的地位。這部電影傳遞出這樣的訊息。

拉麵之所以會成為國民食物，或許要歸功於日清食品創辦人安藤百福在戰後賣出雞汁麵的偉業。這麼說，一點也不誇張吧。

比《南極料理人》的時代還要更早，自一九五〇年代初期，南極越冬觀測隊就把泡麵帶到南極圈內的昭和基地。這泡麵是台灣人開發的，但不是安藤，名稱也不是雞汁麵，而是取名為「長壽麵」的另一種泡麵。

「家父是最早製造出泡麵的人」

我到訪大阪市阿倍野區的天王寺車站，附近周邊的再開發計畫正如火如荼地展開，很多老舊大樓被拆除後，變成了停車場，還有不少未完工的建案仍在進行著。我走進天王寺的老巷子裡，在盡頭處老舊公寓的某間房間門口停下腳步，打開了門。

玄關掛著偌大的木製招牌，上面寫著「東明長壽麵本舖　東明商行食品部」。

這個房間是「東明」的總公司，現在的社長是清川信治（七十五歲），開始販售「長壽麵」的是他已經過世的父親——台灣出身的張國文，東明商行（現為東明）也是他一手創立的。

清川從辦公室的抽屜拿出一張泛黃的廣告。上面如此寫道：

「インスタント・ラーメンの元祖　即席えびラーメン（東明長寿麺）　南極越冬隊・ヒマラヤ遠征隊　アラスカ調査団　ほか各学術団体ご採用」

中譯為：「速食麵的元祖　速食鮮蝦麵（東明長壽麵）　南極越冬隊・喜馬拉雅遠征隊　阿拉斯加調查團　以及受其他各學術團體採用」

咦，日本的「元祖速食麵」不是雞汁麵嗎？

關於安藤發明泡麵的故事，清川堅決地說：「那是虛構的，應該說歷史是被創造出來的……。雖然死人不會說話，但是事實只有一個，那就是家父是最早製造出泡麵的人。」

清川的父親張國文於一九一七年在台灣屏東縣東港出生，十八歲時遠赴日本，從事牙技師的工作。戰後也留在日本，之後在阿倍野開了一間「東明食堂」，開始販售「長壽麵」，大受歡迎。

他擅長料理，也經常為家人下廚。清川記得還是小學生的某一天，父親把全家人集合起來，讓大家一起坐在餐桌前。

清川心想應該是一如往常的普通料理吧，但是父親端上蓋了碗蓋的拉麵碗，跟他們說：「要等五分鐘喔。」五分鐘之後，一打開碗蓋，裡面是熱氣騰騰的拉麵。父親用充滿自信的表情問道：「看起來很好吃吧？」他依然記憶猶新。但是，他沒有聽父親提過為什麼會製造泡麵。

在張國文死後，安藤強調「發明」

清川出示了一張《日本經濟新聞》的報導影本。標題是「ブームに乗る簡易食品　食

生活の改善に一役」（簡易食品正流行，有助於改善飲食生活），日期是一九五九年五月一日，報導主要是「中小企業版」的特輯，介紹了速食麵。

「去年十一月，在大阪的H百貨店首次看到，之所以如此受歡迎，是因為它是不用調味的速食麵。獨特的拉麵裡已經濃縮了雞肉、豬肉等湯頭，也加入調味料、維他命等，只要倒入熱水等待三分鐘即可食用。現場舉辦試吃，也許是達到了適合作為宵夜的宣傳效果，累積越來越多的人氣，一天可賣大約兩千份。」

雖然沒有特別指出企業名稱，但文章裡的速食麵是東明商行推出的泡麵。因此張國文珍貴保存著，當作紀念。

安藤在自傳裡說他在一九五八年「發明」了泡麵的製造法「油熱乾燥法」。這樣看來，長壽麵在同時期已經在市面上流通了。

一九六一年五月號的經濟雜誌《實業界》裡，刊登了「インスタント食品ブームと即席ラーメン」（速食食品旋風與速食麵）的文章，內容是張國文與主婦團體的人針對泡麵對日本飲食文化的意義進行對談。

當時雜誌是如此介紹長壽麵的：「今日的速食麵業界一片混亂，（長壽麵）作為此種

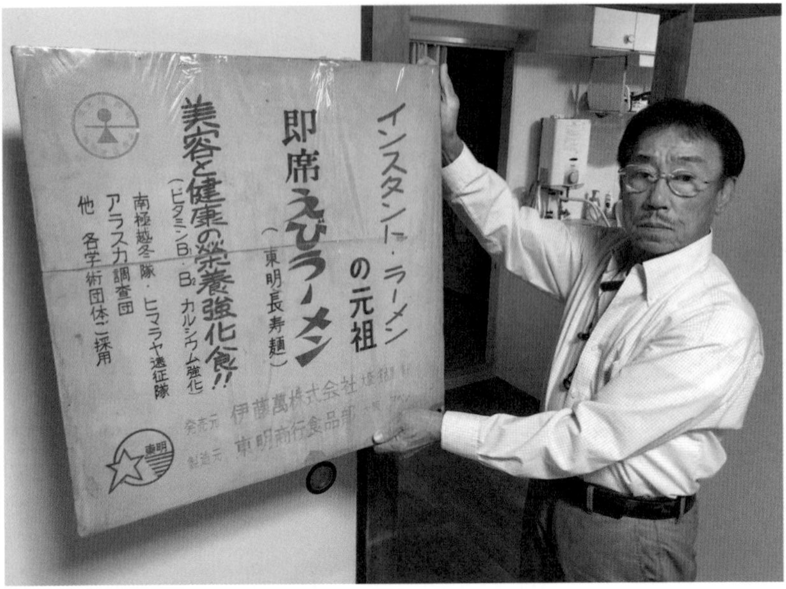

清川與「東明長壽麵」泛黃的廣告。

食品的元祖」。在對談裡面，張國文也提到「雖然是我最早製作出來的，但是『即席』（速食之意）一詞在當時（一九五八年秋）並沒有像今天那麼流行。」

張把專利轉讓給安藤

清川從自己的桌子抽屜拿出一疊很厚的資料。

那裡面夾了很多權利相關的文件，「我自己也想要好好整理，但是有點麻煩……」清川一邊苦笑說道。

我把那疊資料一一做好分類，仔細查看內容。這些資料是有關泡麵專利的文件，內容是張國文將取得的專利轉讓給日清食品。

裡面有好幾種轉讓契約，其中最重要的是一九六一年八月十六日的文件，契約最後一張有安藤和張國文的簽名蓋章。

根據文件內容，由張國文取得的「調味乾麵製法」專利，用兩千三百萬日圓的代價轉讓給安藤。以現今的價值來換算，應該有數億日圓，金額相當可觀。

當時東明商行的主力食品等已經委託關西十間食品公司進行販售，針對這些食品公司，有關製造的「實施權」也是由日清方面繼承。

為什麼張國文會把專利轉讓給安藤呢？

安藤的著作裡提到這一點時，只是輕描淡寫地寫道「相似品到處流竄」。而清川也如此回顧道：「當時市面上出現各式各樣的相似品，非常競爭，我想應該是父親也感到厭煩了吧，所以才把專利轉讓給安藤。」

已經歸化日本的清川等家人完全不知道有這些契約，直到張國文過世之後，眾人在整理遺物時才從保險櫃裡發現。

「家父在我小的時候，曾經自豪說道：『是我最先製造出來』，但是之後話越來越少，應該是眼看著日清食品日漸成長，他雖然沒說出口，但心裡應該也滿懊惱的吧。大家看了連續劇都相信是安藤『發明』了泡麵，真的很遺憾。」

寫得密密麻麻的製造法

我試著釐清安藤和張國文在販售與申請專利的時間點。

安藤開始販售「雞汁麵」是在一九五八年後半，而張的「長壽麵」是在一九五八年前半就出現了。張在一九五八年十二月申請「調味乾麵製法」專利，比安藤在一九五九年一月提出的專利「速食麵製造法」還更早一些。實際上，同個時期還有台灣人以先前提到的「雞絲麵」申請專利。

也就是說，這個時期的泡麵市場是爭搶專利的「戰國時代」，最後勝利且買下專利的，是安藤的日清食品所推出的「雞汁麵」。

清川的手上還有另一份珍貴的文件，就是「速食麵製造注意事項」的資料，這是當時張國文的下屬黃天恩這位台灣人於一九六一年三月一日所寫。他在大學念化學，負責泡麵的製造現場，也是最熟悉「長壽麵」的人物。

他親自用手寫下密密麻麻的泡麵製造法，這可是回顧拉麵史的珍貴第一手資料。關於泡麵技術的最核心部分「油熱處理工程」，黃詳細寫著麵的水分應該在一〇％以下，如果是六％以下的乾麵就容易碎掉。油溫要控制在一三〇～一三五度，油炸時間為兩分～兩分三十秒等內容。

甚至，他也清楚描述泡麵的優點：「這項新的調味乾麵製法工程，是結合了麵的水分蒸發、讓麵吸附湯汁的濃縮脫水、為麵添加油脂提高營養的三大工程。」字裡行間充滿了自信。

讀了這份文件，至少可以知道東明商行有自己獨創的一套泡麵製作技術。

宣傳有必要客觀

也許誰先誰後的問題沒有那麼重要吧，先前也提到台灣在戰前和戰後已經廣泛食用油炸麵。還有，在一九五八年前後的日本，日清食品或是東明商行等多位台灣出身者幾乎同時期開始販售泡麵，這應該不是偶然。

在那個泡麵的黎明期，那些台灣出身者把在故鄉已經普及的油炸乾燥麵製法帶入日本，大家為了想要在事業上獲得成功而相互廝殺，而安藤和張國文也身在其中。這個假設應該有相當大的可能性。

雖然如何才能稱作發明或許大家各有定義，但以常識來說，應該可以理解為「製作出前所未有的東西」。我透過在台灣南部和大阪的取材，試圖向讀者說明為何我對於「雞汁麵是由安藤發明」的這種表述感到存疑。

日清食品或安藤方面均堅持「發明」說，始終強調對泡麵產業的發展有所貢獻，又該如何看待呢？泡麵從日本擴及到世界各地，成為災難時的重要儲備糧食或是宇宙食物，對人類有莫大貢獻。光是被發揚光大並成為重要飲食文化的一環，甚至成為大受民眾歡迎的連續劇主題，任何人都會很好奇並關注其由來吧。因此，宣傳時更需要客觀且謹慎，如此當後人進行歷史查證作業時，才能站得住腳。

安藤留下的名言之一是：「人類就是麵類。」我衷心期盼在「發明」問題上，也可以看到見識淵博的態度。

智利・瓦爾帕萊索

鍾愛海鰻的
激情詩人

智利地處美洲大陸的最南端，多年來被視為南美洲最穩定的經濟體，但2019年正經歷著有史以來最大規模的示威，近百萬人走上街頭要求經濟改革、總統下台。

智利海鮮美食極為聞名，其中味道濃厚的海鰻湯，是我永生難忘的美妙滋味。即使是用餐後數小時，我都能感覺到有股能量從胃裡擴散到全身。

我目前人在智利。在日本人的印象中，這是一個「緊貼」南美大陸太平洋沿岸的國家，國土極為狹長。智利大地震和海嘯也令人印象深刻。一九六〇年，這裡發生了觀測史上最大的地震，其引發的海嘯甚至傳到地球另一端的日本，為東北、三陸地區沿海地帶造成嚴重損失。

瓦爾帕萊索位於智利中部，是一座港口城市，也是該國第二大城，擁有智利最大的港灣。在巴拿馬運河開通之前，這裡曾是太平洋—大西洋航線的中繼站，也是智利出口金礦與銅礦的港口，一度十分繁榮。人口大量湧入，使沿海的丘陵地帶遍布民宅，別有一番風情。隨著巴拿馬運河開通，瓦爾帕萊索的港口價值大幅下降，但城市景觀被列入世界遺產，目前作為旅遊城市重新尋求發展。

寒流帶來的豐盛海鮮

當我抵達港口，正好趕上公共遊船的出發時間，票價三千智利比索（約一百三十三元台幣），售票員問我要不要乘坐私人遊船，票價一萬智利比索（約四百四十四元台幣），但我還是選擇了前者，因為和其他遊客一起搭乘，說聲：「Amigo, por favor.」

（朋友，勞駕了），大家彼此打個招呼，幫忙拍照留念，應該會更有趣吧。在短短的船上旅途中，遊客一邊逗著浮出水面的海豹，一邊欣賞著像是巨大模型般的丘陵奇觀。

我佇立在瓦爾帕萊索沙灘，眺望太平洋。秘魯寒流從南極北上到南美海岸，降低智利沿岸的海水溫度，我將手伸進海水，確實傳來一陣寒意。另外，海水鹹味較淡，也許是因為其中混合著不少南極冰川的融水，稀釋了鹽分的濃度。

受惠於低溫海水的天然條件，十幾年來，智利的鮭魚養殖業得以快速發展。這片海域原本沒有鮭魚，但在七〇年代JICA（日本國際協力機構）的技術支援下，智利成功養殖鮭魚。今天，鮭魚和葡萄酒並列，成為支撐智利經濟發展的出口產品。

除了鮭魚，低溫海水也為智利帶來其他豐富的漁業資源，海鮮美食更是聞名，其中包含了世界著名詩人巴勃羅·聶魯達（Pablo Neruda；一九〇四～一九七三年）最熱愛的一道美食。

詩人聶魯達的最愛——海鰻

在瓦爾帕萊索工作和生活的聶魯達，一九七一年獲得諾貝爾文學獎。他曾加入共產黨，希望實現由左翼發起的社會革命，因此遭到保守政權與軍政界的關注，是一位始終身處險境的悲劇性詩人。同時，他也十分鍾愛美女與美食，擁有享樂主義者的一面。

聶魯達喜愛的美食，就是在這座港口城市捕撈的海鰻。他經常邀請朋友到家裡，親自下廚烹飪海鰻。描述聶魯達中年時期逃亡生活的電影《追緝聶魯達》（Neruda，二〇一六年）中，就有他的妻子喚他來喝海鰻湯的場景。

瓦爾帕萊索的漁港距離市中心約十分鐘車程。這裡的海鮮餐廳櫛比鱗次，與東京築地的場外市場十分相似，人氣極旺。由此可見，海鮮是智利人的日常食物。不少人都提著手提袋，從各個店鋪購買鮮魚。

漁民開設的海鮮店中擺放著各種魚類，其中體型較大的就是海鰻。海鰻是一種深海魚，日本人稱之為「大鯰魚」，其實比鯰魚要大得多，魚身也更肥碩，但頭部確實和鯰魚有些相似。

海鰻是一種肉質緊實的白身魚，無論燉湯、油炸還是香煎，都十分美味。雖然價格稍貴，但是物有所值，深受智利美食家的喜愛。

我走進漁港附近的餐廳「Restaurant Proa al mar」，遺憾的是這裡沒有海鰻料理。於是

上：「Ceviche」（檸檬汁醃生魚）
是智利海鮮的招牌菜之一。
下：被稱為「革命與愛情的詩人」
的聶魯達。

我點了「Ceviche」（檸檬汁醃生魚）和「Sopa de mariscos」（海鮮湯），這兩樣都是智利海鮮的招牌菜，大廚的手藝把新鮮食材的美味發揮得淋漓盡致，真的是大飽口福啊。聽說這道檸檬汁醃生魚和海鰻湯一樣，都是聶魯達的最愛。

改變我固有印象的智利人

聶魯達被稱為「革命與愛情的詩人」，若要按順序來說，應該是「愛情」在前，「革命」在後。年輕時，他屬於現代派詩人，創作了許多有關愛與性的詩篇，雖然受到好評，但知名度僅限於南美地區，直到轉變為革命詩人，他的名字才為世界所知曉。

一九三五年，聶魯達以智利總領事的身分前往西班牙馬德里任職。當時正值西班牙內戰，法蘭西斯科．佛朗哥（Francisco Franco；一八九二～一九七五年）將軍率領叛軍對共和國軍隊展開攻擊。聶魯達對不義戰爭中的暴行深感憤怒，也讓他在寫作上發生轉變。

他留下這樣的詩句：「（盜匪）他們穿梭過空中殺害兒童，街道上兒童們的血單單純純地流著，正像兒童的血！」（摘自〈我述說一些事情〉，《地上的居住》，陳黎、張

芬齡 譯）

後來，聶魯達在智利加入共產黨，遭到政府通緝，被迫轉入地下。經歷千辛萬苦，他穿越了白雪皚皚的安地斯山脈，逃到阿根廷，這一壯舉讓聶魯達成為世界知名的詩人，前文提到的電影就是講述他的逃亡過程。

說起智利人，給我的印象是「熱情洋溢的拉丁美洲」，但其實不然。餐廳裡，當地人用餐十分安靜，無論是夫妻還是朋友，講話不會大聲喧嘩，喝酒方式也非豪飲。

在南美洲，智利的經濟穩定，與其他一些經濟萎靡、苦於通膨的國家相比，人們甚至認為智利擁有「不像是南美國家的健全經濟」，我想這與其國民的勤勉不無關係。而且，智利政府與各國積極簽訂ＦＴＡ（自由貿易協定），在經濟上努力朝著「跳脫南美停滯狀態」的方向前進。

智利人喜愛文學，對詩歌有著特殊感情。至今，街上還會舉辦詩歌朗讀，書店裡也擺放西班牙語詩集，詩人的社會地位崇高。

而無論是過去，還是今日，站在頂端屹立不搖的，始終是詩人聶魯達，無人能出其右。

享用烤海鰻與白葡萄酒的美味

為了彌補在鮮魚市場沒吃到烤海鰻的遺憾，我找到一家歐洲風味的餐廳「Restaurant La Concepción」，終於如願在瓦爾帕萊索首次嚐到海鰻的味道。這家餐廳坐落於著名的旅遊景點——康塞普西翁的丘陵上，和我入住的小而雅緻的酒店相距不遠。

我點了份烤海鰻，搭配智利著名的巴斯克酒莊出產的Winery白葡萄酒享用。鰻魚肉質緊實，口感溫潤。如果是在日本，用西京燒（味噌烤魚，用味噌醃過之後再烤）的料理手法，味道應會更棒。

從康塞普西翁出發，我走上一個約有二十度的陡峭上坡。斜坡兩旁民宅林立，這樣的地方居然也能住人，令我十分佩服。坡道途中設有名為「Ascensor」（升降機）的電梯，搭乘這個箱子，即可避開陡峭之處，輕鬆來到坡道上方。據說，從十九世紀就開始使用這種裝置了。令人驚訝的是，它並不依靠電力驅動，而是兩部升降梯一上一下，其中一部往下降落，就會帶動另一部往上爬升。乘坐一回需付費一百比索（約四．五元台幣），我覺得十分有趣，甚至搭了兩趟。

以前街上有很多升降機，但隨著汽車變得普及，目前只剩下六座還在運轉，讓當地居

美味至極的海鰻湯，令我永生難忘。

民在移動上方便不少，也受到人們的愛護和珍惜。作為古典風格的設施，它也吸引了不少喜愛懷舊氛圍的遊客。

在近似於爬山的上坡路段，我發現街道的每個角落都充滿藝術元素，民宅的牆壁上畫著十分前衛的作品。這座「露天博物館」吸引眾多遊客駐足，但是，藝術歸藝術，陡坡還是陡坡。雖然飽了眼福，但雙腿可是吃了不少苦。我拚盡全力走到頂點，終於來到聶魯達的故居。

這裡已經被改造成紀念館，向人

們展示著聶魯達生前的生活。五層樓的建築中，位於第三層的起居室有一扇面向大海的大玻璃窗，還有一個被聶魯達稱為「雲」的沙發。他大概是坐在這裡，獨享這片絕美景色，任思想自由馳騁吧。

美味至極的海鰻湯

遺憾的是，我在瓦爾帕萊索未能嚐到聶魯達最愛的海鰻湯。離開智利前一天，我把希望寄託在首都聖地牙哥的中央市場。這裡的海鮮料理十分有名，周圍聚集許多大大小小的餐廳，令人眼花撩亂。人太多要排隊等候，人太少又怕踩到地雷，所以建議選擇客流穩定、感覺親民的餐廳比較保險。這一點與築地市場相同。

我依照這個標準來篩選，雀屏中選的是一間名為「La caleta de pacheco」的餐廳。在兩層樓的市場裡，它座落在一樓的某個角落。店內擺了大約十張小桌子，用餐客人約有七成。

我走向餐廳入口的小哥，用生澀的西班牙語詢問：「這裡有海鰻湯（Sopa De Congrio）嗎？」對方回答：「Sí」，答案是肯定的。我坐定後，除了海鰻，還點了一份念念不忘的炸無鬚鱈魚，其大小與鯵魚相似，口感如鱈魚般柔軟。油炸之後，酥脆的麵衣和柔軟的魚肉形成鮮明對比，令人十分滿足，再淋上莎莎醬，就更加美味了。

二十分鐘後，海鰻湯終於登場。鐵鍋內放著各式各樣的香草，以及切好的海鰻十塊左右，還熱得冒泡呢。蔬菜的分量不少，起初我還擔心一個人會吃不完。我先喝了一口湯，瞬間就被美味征服。再把海鰻弄碎融入湯中，美味程度更加升級。高湯是用辣椒、大蒜等香料調味，並且使用魚貝類燉煮而成。我試著詢問店員：是因為放了香草才讓味道提升的嗎？可惜的是，我沒聽懂他用西班牙語做出的回答。

味道如此濃厚的海鰻湯，是我永生難忘的美妙滋味。即使是用餐後數小時，我仍能感覺到有股能量從胃裡擴散到全身。

聶魯達的私生活十分奔放，曾多次更換女伴，唯有海鰻湯是他一生的摯愛。這道菜是這位偉大詩人創作的能量源泉，也是他在餐桌上永遠的戀人。

他是身處最上層的文化菁英分子，卻始終為貧苦民眾表達心聲——這種矛盾，正是聶魯達人生的魅力所在。對於南美國家的左翼人士來說，聶魯達至今仍被奉為英雄，與阿根廷出生的切・格瓦拉（Che Guevara，一九二八～一九六七年）相提並論。同是諾貝爾文學獎得主的《百年孤獨》作者馬奎斯（Gabriel García Márquez，一九二七～二〇一四年）也稱讚聶魯達是「二十世紀最偉大的詩人」。

我以前讀過聶魯達的詩，但提不起興趣，中途就放棄了。但是在智利體驗過海鰻湯後，也許現在讀起來，多少會有一些真實感，接下來，我即將動身前往秘魯印加文明的馬丘比丘遺跡，或許先從他歌頌此地的長詩《馬丘比丘之巔》開始，應該會別有一番滋味吧。

土耳其・伊斯坦堡

逃亡者托洛茨基
垂釣的鰹魚

土耳其橫跨歐亞兩洲，擁有豐富的歷史與文化的國家，曾被東羅馬和鄂圖曼帝國統治，1922年正式終結了600多年的鄂圖曼君主統治，1923年建立「土耳其共和國」。

我到訪時，正值齒鰹的盛產期，尤其齒鰹的醃漬料理「Lakerda」，味道更是一絕。只有發酵與鮮度達到絕佳的平衡，才能產生這般的甜味與軟度。

世上很難見到如此美麗的城市。說得「矯情」一點，這次我終於見到了她。我甚至後悔自己為何沒有早點來這裡。

她，就是中東大國土耳其的首都伊斯坦堡，地處東西方交界，馬爾馬拉海、博斯普魯斯海峽與金角灣交匯的海面上，船隻與海鷗往來不息。

伊斯坦堡的美充滿靈動的光輝，很難用一張照片或一幅畫展現出來。無論是從往來於歐亞兩側的渡輪上，抑或是從位於歐洲的新街區「世界最古老的石塔之一」加拉達塔上，看到的伊斯坦堡都顯得完美無瑕。

十五世紀，逐漸崛起的鄂圖曼土耳其帝國用大炮與重兵攻陷東羅馬帝國皇帝的要塞——君士坦丁堡，這一歷史事件就發生在這片土地之上。伊斯坦堡既是世界史上的古戰場，現今作為國際化都市仍在不斷成長。

里拉貶值的衝擊

我到訪時，土耳其正籠罩在里拉貶值的陰霾下，與我們透過ＢＢＣ、ＣＮＮ等報導得知的資訊大不相同，很多土耳其人都認為背後是美國總統川普與以色列串通好要欺負土耳其的結果。

僅僅一個禮拜內，街上匯兌處標示的匯率就從我抵達時的一美元兌換五．七里拉跳到六．四里拉。美元與里拉的匯率一年前是三．五里拉，五年前是約二．〇里拉。即使以中期來看，里拉也是大幅貶值。

我此時來到土耳其正是時機，手上的外幣更值錢了，在消費上感覺很划算。即使是在高級餐廳用餐，一頓飯吃下來也不到一百里拉（約五百七十三元台幣），讓我覺得心裡有些過意不去。但是土耳其人看起來處變不驚，並沒有因為里拉貶值而焦躁不安，反倒是在土耳其浴場（Hamam，土耳其的傳統蒸氣浴）替客人搓洗全身的印尼女移工一片哀嚎。

所謂土耳其浴，是先將泡泡塗抹在客人身上，進行全身按摩之後再用水洗淨。在日本，由女性提供特殊服務的泡泡浴也曾被稱為「土耳其浴」，但兩者含意完全不同。在主要人口為伊斯蘭教教徒的土耳其，浴場是正當的成人休閒場所。

雖說是伊斯蘭教國家，但土耳其政教分離，隨處都買得到酒，人們似乎不太受宗教戒律的約束。但是，我和幾位土耳其人一起喝著ÇAY（土耳其紅茶，不加牛奶，倒入小杯飲用）聊天時，我發現他們對自己信仰的可蘭經所蘊含的伊斯蘭式「寬容」與「公正」感到非常自豪。

土耳其對政治流亡者的寬容接納，就是其中之一。受此恩惠的人不勝枚舉，其中一位便是俄國革命家，也是政治家的列夫．托洛茨基（一八七九～一九四〇年）。

托洛茨基的垂釣

自一九二九年起，被史達林驅逐出祖國的托洛茨基在土耳其停留了四年，其中大半時間是在伊斯坦堡近海的比於卡達島上度過。他希望土耳其政府確保自己的生命安全，於是被安排在鄂圖曼帝國的蘇丹（皇帝）曾軟禁與自己爭奪帝位的弟弟之處。在鄂圖曼土耳其帝國時期，沒有勢力的王子往往會被殺害或流放，因此這些島嶼也被稱為「王子群島」。

包括比於卡達在內的九座島嶼，距離亞洲方面的伊斯坦堡海岸約三公里，從市中心的港口出發，可以乘渡輪依次前往各個島嶼。為了能夠搭上早班渡輪，我一大清早就來到艾米諾努碼頭。

上：伊斯坦堡對我來說，是世上難得見到的美麗城市。

下：我到訪時，正值齒鰹開始盛產的季節。

這裡有一種名為「Palamut」的魚令我頗感興趣，這種魚在日本被稱為齒鰹。我到訪時，正值開始盛產的季節，鮮魚店的攤位上擺放著成排的齒鰹，為了展示魚的鮮度，店家會把魚鰓向外翻出。日本人看到一大片外翻的魚鰓，可能會覺得有些噁心，但據說透過魚鰓是否鮮紅可以分辨出魚的新鮮度。

托洛茨基在比於卡達生活時，除了寫作之外沒有其他活動。有時為了轉換心情，他會在面向大海的別墅院子裡垂釣，釣的就是這種齒鰹。流亡者與鰹魚的奇妙組合，引起我的興趣。

日本人其實不常吃齒鰹，但是齒鰹從八月下旬開始就是伊斯坦堡餐桌上不可或缺的食物。齒鰹的游速快，釣上岸後要儘快於三天內食用完畢，否則會失去鮮度。

除了齒鰹之外，沿岸地區（特別是卡拉達橋附近）有很多由小船改裝成的餐館，裡面販賣的烤鯖魚三明治也是特產之一，土耳其語為「Balık Ekmek」，直譯就是魚肉三明治。我在附近散步時，有些店員看出我是日本人，就用日語喊著「鯖魚三明治、鮪魚三明治」，招呼我進去品嚐。

當時我正要出發前往比於卡達，於是買了一個當早餐。三明治做法十分簡單，把在鐵板上烤好的鯖魚片放進麵包，再夾入一些生菜就完成了。土耳其人會搭配粉紅色的醃菜和鹹優格飲料一起食用。我也是一邊喝著鹹優格飲料一邊吃三明治，但總覺得還少了點什麼。

我正想追加一份醃菜時，船上的廚房突然發生一陣騷動。黑煙不斷冒出，客人們被緊急疏散到餐廳外，看樣子是著火了。雖然火勢很快就被撲滅，但我丟下吃了一半的三明治，登上即將出發的渡輪。我總是會在旅途中遇上一些出乎意料的事情。

過著魯賓遜般的孤獨生活

迎著馬爾馬拉海吹來徐徐海風，渡輪緩緩依次抵達每座島嶼，到終點站的比於卡達大概需要一個半小時。托洛茨基在島上的流亡生活中留下很多文章，其中包括名著《俄國革命史》和《我的生平》。

托洛茨基是俄國革命的最大功臣，卻在權力鬥爭中被史達林擊敗，被迫過著流亡生活。離開土耳其後，他先後輾轉法國、挪威，最後在墨西哥被史達林派來的殺手用冰鎬鑿入後腦，遭暗殺身亡。

托洛茨基是政治上的輸家，卻是寫作上的贏家。他的文章筆鋒犀利，讀起來津津有味。他曾在巴爾幹戰爭（一九一二～一九一三年）中擔任報社的軍事記者，文章淺顯易懂，論述邏輯清晰。在晚年一九三九年寫的《史達林評論》中，托洛茨基一方面出於作家的矜持，盡可能客觀描述歷史，另一方面又不免流露出對迫害自己之人的憎惡。兩種感情交替出現，相當有趣。

松谷浩尚在《熱愛伊斯坦堡的人們——見證動盪的土耳其》（二〇一三年；中公新書）中提到，托洛茨基在比於卡達過著如同魯賓遜般的孤獨生活。

「每天的工作就是寫作，這就是他極富規律的生活全部。從早上八點寫到下午一點，午餐大約吃一個小時，然後午休到四點。和家人聚在一起喝茶聊天，再回書房寫到晚上九點或九點半，中間吃頓簡單的晚餐，最後再回臥室就寢。這就是托洛茨基的一天。」（節選自該書）

托洛茨基的故居和醃鰹魚的小店

從渡輪上就能遠望托洛茨基居住的別墅。島上的碼頭附近，海鮮餐館比比皆是。

上：托洛茨基居住的別墅。下：發酵與鮮度達到絕佳平衡的Lakerda。

比於卡達禁止任何汽／柴油車通行，只有自行車和馬車。我租了輛自行車，前往托洛茨基故居。流著汗騎了三公里左右，右手邊出現一條小路通往海岸，盡頭處有一座完全廢棄的別墅，沒有任何招牌。詢問路過的當地居民後，才確信自己抵達目的地。

這是一座漂亮的兩層樓別墅，能遙望對岸的伊斯坦堡。院子裡有一個專用的小型泊船場，托洛茨基在這裡釣魚時，是在思索祖國命運，還是憤恨自己的不遇呢？無論他在想什麼，想必這些負面情緒都透過寫作抒發出來了吧。被祖國流放的政治家在成為作家的那一刻，也意味著在這座島上開始了流亡生活。

後來，托洛茨基陸續完成《被背叛的革命》、《我的生平》、《俄國革命史》等流傳後世的名著。

騎車環島一周大約十五公里，一路上坡度適宜，適合鍛鍊身體。租自行車的費用是每天二十里拉（約一百一十五元台幣），價格合理。環島完成後，我走進位於商業街中心的「Sen Balikci」小店。

店鋪攤子上擺著琳瑯滿目的新鮮魚類，還有「Lakerda」（鰹的醃漬品）的招牌。在這個花十分鐘就能逛遍的街區，似乎只有這家店把Lakerda當作賣點。

真心親日的土耳其人

我和繼承父業的第二代老闆斯萊曼・卡拉索伊攀談，他的英語十分流利，他對我說：「我有朋友在土耳其航空的日本分公司工作，只要報上我的名字，就能給你免費升級艙等！」雖然這話聽聽就好，不必當真，但是土耳其人親日是真的。無論走到哪裡，見到什麼人，他們都說自己喜歡日本。當我稱讚土耳其的輝煌歷史時，斯萊曼略顯傷感地說：「的確曾經輝煌過，可是最近卻在衰退。」

但是，土耳其今後應該會更加強大吧。雖然里拉貶值會帶來一時影響，但土耳其是實行穩健世俗主義政策的地域大國（Regional power），連接西方與伊斯蘭世界的重要地位也不會改變。土耳其總統埃爾多安採取親日政策，和安倍晉三首相也保持良好的關係。

然而，土耳其國內正在興起以往被視為禁忌的伊斯蘭回歸運動，同時也開始構築集中權力的威權主義體制。與美國川普政權的衝突，也映射出西方國家對上述變化的不安。

當然，土耳其這樣做也有自己的理由。在美國發起的反恐戰爭中，雖然敵人先後從塔利班、蓋達組織變成伊斯蘭國，但目標始終鎖定伊斯蘭教。這也為土耳其的伊斯蘭教徒蒙上一層心理陰影。

土耳其國民對美國的不信任感已經根深柢固。報紙每天都在報導政府動態，土耳其正在強化與美國和以色列對立的俄羅斯、伊朗，以及看似有美國在背後指使、同時被沙烏地阿拉伯、阿拉伯聯合大公國（UAE）等國宣布斷交的卡達等國家的關係。以里拉貶值為契機，反美聯盟正在逐漸形成。

發酵與鮮度的絕佳平衡

斯萊曼也知道流亡革命家托洛茨基的故事。談到被廢棄的故居時，他感嘆道：「這麼好的觀光資源卻沒有加以利用，真是太可惜了。」閒聊之間，Lakerda被端上了餐桌。

這是一道用鹵鰹醃漬而成料理，但這家店使用的是鹵鰹的成魚「Torik」來製作，也就是「出世魚」（根據不同成長階段而用不同名字命名的魚），小鰹魚的肉質並不像大鰹魚那樣帶有甜味。鹵鰹在稚魚階段的大小與鯖魚相似，但成長到Torik的成魚階段時，從外觀上一眼就能看出是鰹魚。

簡單說，Lakerda就是醃漬半生半熟的鹵鰹魚。帶著些許懷疑，我嚐了一口，發現味道遠遠超乎我的想像。食鹽量和發酵的程度都恰到好處，魚肉彷彿在口中融化開來，發酵後發白的魚肉吃起來就像乳酪。

這個味道和京都著名的割烹餐館「蛸八」的「醋醃鯖魚」有些相似。只有發酵與鮮度達到絕佳的平衡，才能產生這般的甜味與軟度。對於發明這道料理的土耳其人，我欽佩至極。

托洛茨基應該也吃過Lakerda吧。由於剛剛騎自行車流了很多汗，我點了杯土耳其啤酒「艾菲」搭配著吃。但是，醃漬魚肉的鹹鹹滋味，應該非常適合做蒸餾酒的下酒菜。我不禁開始想像托洛茨基一邊啜飲伏特加，一邊吃著醃鰹魚的模樣。

我向斯萊曼詢問這道菜的詳細做法，打算回國後也嘗試一下，但聽完後便立刻放棄，因為實在太麻煩了。

「先把魚頭去掉，把魚肉切成三片，抹上鹽，置於陰涼處五天。之後，放入鹽水中醃十天。重要的是每天都要換水，這樣才能完全放完魚血，不留一絲腥味。有很多人就是為了買Lakerda才來島上，吃過一次，你就忘不了它的味道！」

毫不誇張地說，在我寫這篇文章的同時，腦海裡還回想起Lakerda的味道。

熱愛美食的土耳其人

提起土耳其美食，日本人大多會想起肉類，特別是烤肉Kebap。土耳其烤肉的確非常美味，但我在日本已經吃膩了，來到土耳其反而沒有想吃的衝動。

土耳其是靠海國家，有很多美味的海鮮家常菜，比如用陶鍋焗烤番茄和蝦子的Karides Güveç、土耳其風味的炸魷魚圈Kalamar Tava等，幾乎是每天都吃不膩的招牌美食。

中國人裡，最講究吃的就是廣東人了，有句話說：「四條腿的，除了椅子，廣東人什麼都吃。」而土耳其人則是「只要是海裡撈上來的，即使是椅子也吃。」連椅子都能吃進肚子，可見比中國人還講究吃啊。

土耳其菜、中國菜、法國菜被稱為世界三大名菜。雖然有人會對土耳其菜的地位感到質疑，但至少在分布於中東和亞洲的伊斯蘭地區中，這片土地無疑承載著最豐富的飲食文化。

烏拉圭．蒙特維多

安地斯空難的奇蹟生還與「食人」思考

烏拉圭位於南美洲東南部，西臨阿根廷，被譽為「南美瑞士」。曾於2013年被《經濟學人》選為年度代表國，也是全球第一個讓大麻全面合法化的國家。

在蒙特維多，可以用合理價格輕鬆地吃到全世界最美味的烤肉，沾烏拉圭特有的醬汁「Chimichurri」，風味極佳，連吃肉也可以吃得很清爽。

要前往南美洲烏拉圭的首都蒙特維多，最便捷的路徑是從阿根廷首都布宜諾斯艾利斯出發，經由海路入境。雖說是海路，更準確地說應該是「河道」。布宜諾斯艾利斯與蒙特維多分別位於南美洲的河口灣——拉普拉塔河的南岸與北岸，兩地相隔的河流寬度竟達二百七十公里。

一大清早，搭乘高速客輪從布宜諾斯艾利斯出發，在船上昏昏沉沉待了兩個小時後，就抵達蒙特維多港。途中目光所及，盡是滔滔河水，分不清是海路還是河道，感覺就像是在珠江三角洲的河口地區乘船，穿梭於香港、澳門、深圳之間。

入境檢查險被扣留

由於每天都有數家海運公司的高速客輪頻繁來往，所以雙方分別在布宜諾斯艾利斯和蒙特維多設置入境審查窗口，出發前即可辦妥出入境手續，十分方便。但是，我從蒙特維多返抵阿根廷時，卻在入境檢查中遇到麻煩。審查官把我的護照交給上司，而那位上司板著一張臉嚴肅問道：「你的護照是否曾經遺失？」

當然沒有，我在二〇一八年四月才剛更新護照而已，還熱呼呼的呢。

接著他開始打電話，恐怕是向布宜諾斯艾利斯的總局聯絡吧。此時，我瞄了一眼審查官的電腦螢幕，上面寫著「Persona Prohibida」，嚇得全身都僵住了。雖然大概猜得出意思，還是用手機查了一下西語字典，果然是「禁止人物」之意，而且螢幕上還顯示著「Interpol」（通緝）。我什麼時候成了國際刑警組織追捕的通緝犯？

肯定是哪裡弄錯了，但再這樣耗下去，事情可能會越棘手，說不定我會被扣留在當地一晚。三十分鐘、一小時……，眼看時間分分秒秒過去，距離客輪出發僅剩半小時。原本心急如焚的我也開始呈現半放棄狀態，這時看到對方向我招了招手。

「抱歉，耽誤你的時間。因為你的護照號碼的九位數字，剛好有七位數字和一名通緝犯相同。輪船要出發了，再見！」

他笑容滿面地送我出來。原來世界上有個和我的護照號碼只差兩位數的日本人通緝犯，以後會不會遇上同樣的麻煩呢？

關於「食人」的思考

一般人對烏拉圭的印象，可能只侷限在是個足球強國。人口僅有三百四十五萬的小國，竟能在ＦＩＦＡ世足賽取得如此優秀的成績，真是不可思議。烏拉圭在二〇一八年的俄羅斯世足賽也踢進八強。蘇亞雷斯和卡瓦尼的無敵組合簡直是令人敬畏。

漫步在蒙特維多的街道上，到處都能看到踢足球的孩子。也許在日本人看來，認為南美國家的人努力踢球是為了脫貧，但這是偏見。烏拉圭的平均國民所得將近兩萬美元，絕對不是貧窮國家。縱使首都蒙特維多不是高樓林立的繁華樣貌，但是整體都市基礎設施完善，「麻雀雖小，五臟俱全」，十分適合居住。

在南美國家中，烏拉圭給我的印象最好。因為烏拉圭人圓融變通，並不呆板，也許是因為來自義大利的移民與西班牙移民在人數上不相上下，所以這裡的料理美味可口，人們看起來也很爽朗大方。

可是，在如此平靜且給人好感的國家，我的腦海中卻不時浮現一個格格不入的詞彙——Cannibalism，即「食人」。

十六人奇蹟生還的背後

把烏拉圭與「食人」連結起來的，是發生於一九七二年的安地斯空難。一架烏拉圭空軍五七一號班機載著一支天主教大學的橄欖球隊及親友等共四十五名乘客，從蒙特維多起飛前往智利參加比賽，卻墜毀在海拔超過四千公尺的安地斯山脈的深山裡。失事地點在搜救條件上極為不利，但最終有十六名乘客得以生還。在天候與地形等自然環境的嚴苛考驗下，一行人擠在破損機艙中，度過漫長的七十二天。最後，其中兩位乘客長途跋涉到安地斯山脈的另一側——智利，成功獲得當地居民的救助。

該事件之所以被稱為「安地斯的奇蹟」，是因為如果他們沒有做出食用遇難者屍體的決定，就不會有任何人倖存下來。

一旦處在極端狀態，為了生存而吃人的行為並不罕見。歷史上也曾發生過許多類似事件：十九世紀遭遇海難的「美杜莎號事件」和「木犀草號事件」就是其中兩例。當船隻發生事故在海上漂流時，比較容易出現人吃人的問題。在這種環境下，人吃人本身並不構成犯罪，應當屬於刑法上的緊急避難。

尤其在戰爭中，人吃人的例子更不勝枚舉。有關日本軍隊在東南亞吃人肉維生的記載應該也是真的吧，近代以來在其他國家也時有所聞。甚至是中國，發生饑荒時的食人行為更廣為人知。還有把人肉作為美食，介紹各種烹飪方法的食譜，昇華出一套食人文化。在歷史故事裡，出現吃敵人的肉的情節也為數不少。關於中國的食人紀錄，近代有桑原隲藏所著的《支那人的食人肉風俗》（青空文庫），最近的有中野美代子的《食人論》（二〇一七年；築摩文藝文庫），這兩本書都很容易取得，可以瞭解到更詳細完整的知識。

當然，如果追溯到沒有國家概念的古代部落社會，要找到不以殺敵食肉來慶祝勝利為風俗的原始文化，應該滿困難的吧。

但是，之後人類把吃人肉視為禁忌，這也是邁向文明社會的一步。我對「安地斯的奇蹟」感興趣，是因為想知道這些天主教徒乘客是如何做出吃人肉的決定。

喪子之父的寬恕

有一間名為「安地斯一九七二」的博物館，位於蒙特維多舊街區與新街區交界處的街角。雖然入口狹窄，但進去後發現，這是寬敞的三層樓建築，展示品非常豐富。特別是用來融雪成水的機器，脫掉飛機椅套縫製成的睡袋、降低積雪反光的手工太陽眼鏡等，種種臨時製作的求生用品在館內大量展示，可說是在安地斯山脈倖存下來的智慧結晶。

博物館的館長向我介紹道：「這裡是全球第三座空難博物館。第一座是紀念日本航空JAL空難，第二座是紀念全日空ANA空難。」說起日航空難，我立刻想起發生於一九八五年的JL123號班機事故，但後者指的是哪起事件呢？也許是他記錯了吧，因為不瞭解情況，於是我也聽過就算了。

我看了介紹安地斯空難的影片，時間長十五分鐘，裡面對於食人求生的部分，只是輕輕帶過而已。我向館長詢問：「在烏拉圭社會裡，空難中的食人行為並沒有受到批判嗎？」於是，他帶我到角落的一塊展示板前面。

展示板上記錄著一名在此空難中不幸喪子的男醫生的看法：「作為醫生，我深知在那種情況下，如果他們沒有做出這個極需勇氣的決定，就不會有任何人倖存。十六個家庭的孩子能夠重新回到家，這要感謝神。雖然我無法代表所有家庭，但對於活下來的人面對死亡時展現出的勇氣，我認為是值得驕傲的。」

對於兒子遇難後被人吃掉，這位父親能夠做出這樣的反應，無疑對輿論風向產生很大影響。自己的親人並沒有白白犧牲——這樣的「說明」對死者家屬來說，不啻是一種安慰，而且有其必要。

館長還提到，空難兩年後，英國記者皮爾斯．保羅．里德（Piers Paul Read）出版的《活著：安地斯倖存者的故事》（*Alive: The Story of the Andes Survivors*）一書也具深遠意義。

相互衝突的兩種價值觀

造訪烏拉圭後，我在網路上觀看真人真事改編的電影《我們要活著回去》（一九九三年）。其中有一段是描述在安地斯山脈中，倖存者針對是否吃人肉求生有所爭執，有些人堅決反對，但在領導者的說服下終於點頭。

過程中，反對者批評吃人肉是不文明的行為，而贊成者卻認為：「人死之後，靈魂離開肉體，剩下的軀殼只是單純的肉而已，可以作為食物。」這樣一來一往的對話，更加說明了他們是天主教徒的背景。

文明，換個說法就是理性。在西洋文明中，理性是神賦予的能力，正因為有了理性，人類才得以構築文明。脫離文明就意味著拋棄理性，也就違背了信仰。

另一方面，靈魂和理性的兩元論，也是基督教特有的思考方式：靈魂被神召喚之後，

「安地斯一九七二」的博物館。

留下的肉體便沒有任何意義，不過是單純的物體而已。

總而言之，在這場食人求生的爭論裡，顯示出基督教中兩種價值觀相互矛盾，發生衝突。最後，「為了生存而吃」的強烈要求勝過基於「文明」的反對論者。

我想，對吃人肉比較熟悉的不就是基督教徒嗎？因為基督教有聖餐儀式（天主教稱為「聖體盛事」；類似感恩祭），儀式上會用到紅酒和麵包，人們將其分別視作基督的血與肉。我少年時曾去過教會，最討厭的就是每月一次的聖餐儀式。由於是未成年，紅酒會被換為葡萄汁，但是無論如何我也無法將它和基督的血肉聯想在一起。

在基督教的教義中，接受以人的形態降臨世上的神——耶穌的血肉，是最美麗的信仰行為。因此，多少也會降低基督教徒對於吃人肉的抗拒感吧。

難以用語言描繪的信仰

另外，基督教是一神教。上帝的命令、寬恕與給予是絕對正確的，不需要任何前提，也毫無爭論的餘地。這種理論基礎，應該也是促成倖存者做出食人決定的因素之一。他們把空難視為神的試煉。既然是試煉，神肯定會希望人類能夠克服。因此，即使是吃人肉，也是遵照神的旨意。

食肉，本來就是攝取其他生命進入自己體內的行為，我們每天的生存都伴隨著這種罪惡，能夠將其正當化的理論，唯獨「這是為了讓自己活下去」的信念。安地斯的倖存者們也是為了活下去才吃掉遇難者的肉體，其宗教思想在心理上強化了這種行為的正當性。

耐人尋味的是，當作者里德將原稿讓十六名倖存者過目時，有幾位對於書中部分內容感到不滿，認為在受困時「堅持的神聖信仰與精神並未作充分描述」。關於這一點，里德如此寫道：

「我絲毫沒有任何淡化這些力量的意思，但恐怕他們對自己倖存下來的評價和感受，是任何作家都無法用文字表現出來的吧。」

倖存者最終克服吃人肉的禁忌，這個過程是一種是無法用語言和文字表達的信仰世界——這應該就是里德在上述評論中所想要表達的。

市區的港口市場

把思緒拉回現實。在蒙特維多，遊客可以用合理價格輕鬆吃到全世界最美味的烤肉。在距離碼頭不到五分鐘路程的市區，有一片由市場改建而成的美食市集——港口市場Mercado Del puerto。這裡距離安地斯空難博物館僅十分鐘路程。

越靠近市場，越能看到燒柴火的煙霧從建築物裡不斷冒出。這裡有五、六家阿薩多（Asado）烤肉店，「Asado」意為直接用火燻烤的肉。阿根廷是使用木炭烤肉，而烏拉圭用的是木柴，因此燒出來的煙霧更為驚人。

我走進一家名為「Estación del Puerto」的餐廳，一位看似十分資深的光頭服務生向我大力推薦小牛牛肉（baby beef），一副「聽我的準沒錯」。重量四百克的價格是六百烏拉圭比索（約五百七十三元台幣），我選擇最接近生肉的熟度「blue」（幾乎還是生牛肉的狀態，只有表面烤了幾秒）。在很多旅遊書上都介紹說南美的牛肉三分熟（medium rare）最好吃，可是我覺得肉質越上等的牛肉，越接近生肉的烹飪方法越美味。

用鐵架做成的大型燒烤架上，香腸和各種肉類放在一起慢慢烤熟。不久之後，端上餐桌的是表面有些微焦的肉塊，我有點擔心是不是烤過頭了，但用刀子把肉一切開，就看到裡面的紅色紋路。

絕妙的甘甜肉味

最初，我先用鹽和胡椒調味，吃了半盤的肉，剩下一半則是沾烏拉圭特有醬汁食用。這種被稱為「Chimichurri」的醬汁，是將奧勒岡葉、紅椒、蒜頭等切碎，再倒入醋和油調製而成，風味極佳，連吃肉也可以吃得很清爽，非常對味。如果在日本也買得到這種醬汁，我肯定排第一個。

小牛牛肉的美味直衝腦門，肉質鮮嫩甘甜不在話下，這可說是我至今吃過最美味的牛肉。照理說，牛肉應該搭配紅酒，但依我個人喜好，近生的牛肉和紅酒並不是很對味。我在市區走了一天，十分口渴，於是點了烏拉圭的暢銷啤酒「NORTEÑA」一飲而盡。

上：三分熟的小牛牛肉，是我至今吃過最美味的牛肉。
下：暢飲烏拉圭的啤酒。

接著，我又點了口味偏甜的發泡酒「MEDIO&MEDIO」，和牛肉一起享用。用餐過程中，牛肉切塊後滲出的鮮血慢慢鋪滿盤子。我環顧四周，每個餐桌旁的烏拉圭人也似乎都陶醉在帶血肉塊的美味滋味中。我想如果日本人看到這幅場景，應該會有人撇開目光，不敢直視吧。

看著血海上的肉塊，我的思緒再次回到安地斯空難的食人問題。讓我感觸最深的是，倖存者們一開始只是把冰凍肉片放在嘴裡，融化食用，但後來就開始嘗試煎烤或是水煮等不同的烹飪方法。在孤獨無聊的日子裡，人們對於食物的貪欲，或者說透過食物追求娛樂的本性，即使在極限狀態下也不會消失。

當時還年輕的十六名倖存者中，目前仍有十五名在世。他們每年都會在被救援隊發現的十二月二十二日這一天舉辦聚會。

在他們聚會的餐桌上，會不會出現肉類料理呢？在咀嚼牛肉的同時，這種近乎冒犯的想法始終在我腦海裡揮之不去。

紐西蘭．羅托魯瓦

「長白雲之鄉」的地熱美食Hangi

紐西蘭位於太平洋西南部，毛利人在約九百年前來到這片無人之地，1840年毛利人與英國政府簽訂《懷唐伊條約》，紐西蘭成為英國殖民地，直到1947年獨立。

利用孕育溫泉的地熱做成的美食Hangi，是毛利人的傳統食物。在地面上挖個坑，放入食材，利用地熱即可蒸熟，做法簡單，但能完全釋放出薯類的甜味。

從地理角度來看，紐西蘭與日本十分相似：由北向南延伸的列島（紐西蘭分為北島和南島），西側與澳洲隔海相望，令人聯想起日本與中國的位置關係。

紐西蘭的土地原本是岡瓦納古陸的一部分，最初位於海底。大約在一億年前，它與澳大利亞大陸一同分離出來，後來又自成一體，從海底隆起，形成了三千多公尺高連綿不絕的山脈。由於地殼運動活躍，紐西蘭多火山與地震。如此看來，真是越來越像日本了。

毛利人的傳統美食「Hangi」

當然，這樣的地質條件也造就了隨處可見的溫泉。其中最知名的溫泉聖地，就在距離北島的門戶奧克蘭二百五十公里之外的小鎮羅托魯瓦。

出於對溫泉的嚮往，我從奧克蘭出發，租車自駕前往羅托魯瓦。路程前半段是高速公路，後半段則普通道路，但即使時速來到一百公里，還是會被後邊的車催促。當地人對速度的感覺似乎已經麻痺了。

提到紐西蘭，一般人都會想起「羊比人還多」這個略微失禮的說法。雖然紐西蘭人煙稀少，但在從奧克蘭到羅托魯瓦的北島北半邊區域，很少見到羊，反而飼養了很多牛。

遼闊的羅托魯瓦湖。

在羅托魯瓦，有一個與日本宍道湖（島根縣內）大小相似的羅托魯瓦湖，數個小鎮坐落其周圍。開車繞湖行駛，能看到不少地方煙霧升騰，那是溫泉的蒸汽。羅托魯瓦位於群山環繞的盆地中，密度較大的硫礦集中在盆地底部的中心區域，散發出濃烈氣味。

利用孕育溫泉的地熱做成的美食Hangi，是紐西蘭原住民毛利人的傳統食物。在地面上挖個坑，放入食材，利用地熱即可蒸熟，做法非常簡單。

毛利人是在約九百年前來到紐西

蘭這片無人之地，他們是波利尼西亞人的一支，從南太平洋的島嶼航行至此。毛利人的日常生活雖與海洋無太大關係，但由於渡海而來的淵源，在大型祭祀與儀式上一定會用到漂亮的獨木舟。對於他們來說，發現大陸的精神已經刻印在民族基因中了吧。

在毛利村探尋Hangi

我在地圖上沒找到能提供Hangi的飯店，但發現展示毛利文化的村落能吃到這一美食。於是，我來到位於羅托魯瓦郊外的塔瑪基毛利村。

來這裡需要提前預約，能透過聽講座等方式進行兩個小時的文化體驗，並品嚐到Hangi。雖然有些觀光化的氣息，不過也沒辦法。我只能勸自己說，這有助於更深入瞭解毛利文化。

在歷史中，由於歐洲人以超乎常理的低價購買或搶奪毛利人的土地，兩者之間爆發激烈的武裝衝突。

一八四〇年，毛利酋長被迫簽訂《懷唐伊條約》，紐西蘭被劃入英國版圖。殖民地的取得基本上都是靠詐欺與拐騙，這一條約也不例外，內容十分粗糙，屬於不平等條約。

後來，毛利人發起大規模抗爭運動——毛利戰爭。最終，抗爭被近代兵器所鎮壓，紐西蘭成為英國殖民地，大批歐洲人湧入，使毛利人成為少數民族。

紐西蘭的現有人口中，有六十萬是毛利人，約占整體的一五％。當然，民族融合也在持續進行，已經很難清晰界定出毛利人的血統了。一般來說，只要有一定的原住民血統，並且認為自己是毛利人，就被認定為毛利人。

提起毛利人的文化，最有名的要數舞蹈。在村中看到的毛利舞蹈與夏威夷舞十分相似：手指微微顫抖，腰部以下的動作十分搶眼。

另外，還有名為哈卡舞的毛利戰舞：雙手拍打雙膝，同時發出怒吼。紐西蘭橄欖球全黑隊（All Blacks）會在賽前借此助威，使毛利戰舞廣被世人所知。英語中，它被稱為「War Cry」（戰吼），具有威懾對手的作用，氣場十足。

一位看上去像是營地主管的人在為遊客們介紹毛利戰舞時自豪地說：「哈卡舞是紐西蘭的代表性舞蹈，橄欖球大賽前，領導全黑隊跳舞的總是毛利選手。」

紐西蘭以往享譽世界的產品是羊和乳製品，而最近全黑隊也受到全球關注。奧克蘭國際機場販賣全黑隊周邊商品的商店中，總能看到外國人大排長龍的隊伍。

火候絕妙的蔬菜，味道平凡的蒸肉

營地主管的解說結束後，我最關心的Hangi終於做好了。工作人員從地面坑洞裡取出裝在籃子裡的菜和肉。蔬菜包括馬鈴薯、紅蘿蔔和兩種番薯，肉類則是雞肉和牛肉。菜和雞肉都是直接蒸熟，而牛肉則是切成牛排，裝得滿滿的。

往坑裡看去，發現地下鋪著滾燙的石頭，也許是因為這裡沒有地熱吧。為了將食物蒸熟，籃子上覆蓋好幾層的布，再蓋上蓋子，最後用石頭壓好，要蒸上三、四個鐘頭才能完成。

我仔細品嚐端上來的Hangi，蔬菜的火候十分精妙，叉子可以輕鬆插入。雖然沒有任何調味，但蔬菜本身的甜味就十分足夠，只需加上一點蛋黃醬，即可大快朵頤。

反觀肉類，由於脂肪已經融化，肉咀嚼起來口感生硬，無法勾起食欲。從和我一起用餐的紐西蘭和澳大利亞遊客的表情看來，他們似乎也覺得味道普通。

其實，這種做法很適合烹飪毛利人作為主食的馬鈴薯、芋頭、白薯、番薯，但對於肉類而言就未必了。肉還是用火烤最好吃，但是薯類用烤的，則相當費時。採用長時間密閉在高溫中的方式，讓薯類慢慢熟透，反而可以將澱粉中的甜味充分釋放出來。

上：塔瑪基毛利村，用來做Hangi的薯類。下：Hangi美味的蔬菜及味道平凡的蒸肉。

據說，毛利人只會在特別的儀式中吃Hangi，平時是不吃的。

薯類釋放的味覺衝擊

然而，這種烹飪方法並非毛利人的專利。

文化人類學者石毛直道在《世界的食物：飲食的文化地理》（二〇一三年，講談社學術文庫）一書中談到，蒸食的烹飪方法在大洋洲全域均有分布。在沒有溫泉的地方，當地人會用燒熱的石頭來代替。

具體做法是將拳頭大小的石頭在火上烤到通紅，鋪在坑底，「上面放上番薯、白薯、麵包樹的果實、料理用的香蕉等主食，用香蕉樹葉覆蓋，再埋入土中，防止熱量流失。」

這和我在文化村裡看到的烹飪方法完全相同。石毛也是日本知名美食家之一，他寫道：「由於不用水加熱，所以得以保持食物原有的味道。」

完全如其所言，含有適度水分的馬鈴薯在蒸軟之後，釋放出令人愉悅的甜味，甚至帶給人味覺上的衝擊。只需將烹飪十分費事的根菜類蔬菜放入坑中蒸烤，透過這種天然的料理方法，便可輕鬆實現這般美味。

紐西蘭人口為四百九十萬，與僅占總人口一％的澳大利亞原住民相比，占一五％的毛利人的影響力要大得多，可以說是原住民中的多數民族。在街上隨處可見毛利文字，用毛利語寫的地名標誌感覺和夏威夷等地名十分相似。據說，毛利語和阿伊努語（生活於北海道的原住民阿伊努人的民族語）也有不少共同點。毛利語中有許多類似於「Kawakawa」（毛利草藥）的詞語，被稱為「疊語」。除了屬於波利尼西亞語系的夏威夷之外，阿伊努語與日語中也經常看到這種語法現象。

然而，原住民已不再是今日紐西蘭的主人了。在城市中，麵包與米飯已經取代薯類的主食地位，毛利文化被趕入角落。在多數飯店裡，薯類的烹飪方法一般都是油炸或是水煮。

但在品嚐過Hangi之後，我切身地感受到，薯類的最佳烹飪方法絕對是蒸烤。對於深知石燒番薯之美味的日本人來說，這一點絕非意外。

長白雲之鄉

在毛利語中，紐西蘭被稱為「Aotearoa」，意思是「長長的白雲飄盪之地」。它與

「New Zealand」一樣，都是紐西蘭的正式國名。

羅托魯瓦最出名的是泥浴溫泉，湖邊建有專業的溫泉設施，取名為「地獄之門」。雖然名字很恐怖，但泥漿的溫度適中，體感十分舒適。我浸泡在濃稠的灰色泉水中，仰望著天空，不禁又想起了毛利人和Hangi料理。

在我到訪時，紐西蘭正值冬日雨季，低氣壓頻繁地從西向東經過。雨雖然沒有下個不停，但是一陣一陣地下，雲朵的移動速度極快。剛才還在仰望著遍布繁星的銀河，轉眼間就下起大雨；雨停後不久，繁星又重新出現。在星空的背景之下，強風將白雲吹成條狀，遍布天空各處。

回溯時空，想必毛利人是在邊等著Hangi蒸熟，邊眺望著變化莫測的夜空和細長的白雲時，用極富詩意的「長白雲之鄉」命名了腳下這片土地吧。

寮國．查爾平原

前大本營陸軍參謀「辻政信」的足跡與糯米飯

寮國是東南亞中南半島唯一的內陸國家，曾為法國的殖民地，1954年脫離法屬印度支那獨立，是全世界仍然存在的少數幾個共產主義國家之一。

寮國人的平均米飯消費量是排名世界第二，幾乎三餐都是糯米飯，裝在小竹簍裡的米飯吃起來香甜有嚼勁，也可以搭配碎肉沙拉，捏成迷你飯糰食用。

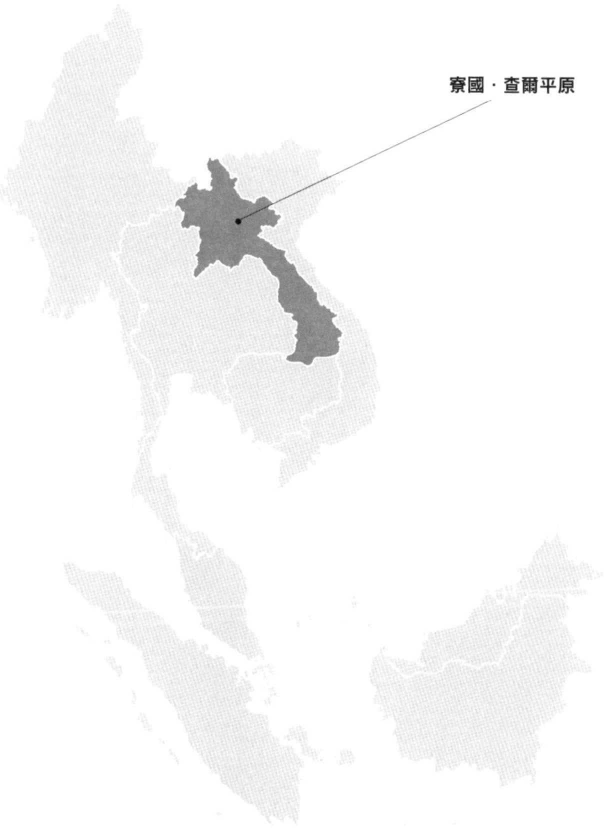

由逃亡者自述的逃亡記裡，鮮少有機會遇到傑出作品。但是，辻政信（一九〇二～一九六八年）的著作《潛行三千里》是少數例外。辻在大日本帝國陸軍擔任「前大本營參謀」，在一九五〇年出版的這本書裡，他鉅細靡遺描述自己的逃亡過程，充滿戲劇性，非常有趣。雖然他身為參謀的能力備受質疑，但不可諱言的是他在寫作上擁有與生俱來的才能。

辻曾經籌畫過諾門罕戰役（一九三九年）、馬來亞戰役（一九四一～四二年）等，但現代應該很多人不認識這號人物。他在迎接終戰時，為了躲避被列為戰犯受到審判，從曼谷開始逃亡，等風頭過了以後才回到日本。而且，這本《潛行三千里》讓他一炮而紅，搖身一變成為知名暢銷作家，成功逆轉人生，爾後也投身政壇，當上眾議院議員和參議院議員。

辻政信在寮國下落不明

這位男子吸引人之處在於他破天荒的生存方式，不知道該羨慕，還是令人可恨。之前我在《最後的帝國軍人：蔣介石與白團》（二〇一五年；聯經出版）一書中，曾調查過一群到台灣協助蔣介石反共的日本人——即由舊陸軍參謀組成的日軍顧問團「白團」的足跡，發現辻也參與其中。自那以來，我一直對這號人物充滿興趣。引導日本走向那場輸得徹底的太平洋戰爭，他難辭其咎，同時也是世上罕見的吹牛大王，卻是讓我想要認真研究的對象。

在東南亞國家裡，位處內陸的寮國是較不起眼的小國。我之所以決定要來這一趟，因為這裡是辻突然從這個世界消失的地方。

一九六一年，辻在寮國中部的查爾平原下落不明。一九六八年七月二十日被認定死亡，我剛好是這一年出生的，至今已經過了半個世紀。

辻只說他要與北越領導人胡志明（一八九〇～一九六九年）會面，然後經由泰國曼谷進入寮國，隻身前往共產游擊隊與國王派人馬交戰的內戰現場。

與胡志明會面，並非肩負日本政府授予的官方任務，而是為了「世界和平」，這個理由不愧是擅長作秀的辻才想得出來。大概是繼《潛行三千里》之後，想要再度製造話題吧。

據傳他遭到武裝分子綁架，並且被處死，這個消息應該具有很高的可信度，也出現一

上：在寮國，摩托車是當地人最常見的交通工具。
下：糯米飯搭配碎肉沙拉，就是很棒的一餐。

些間接的證詞。至於是誰在何時將辻處刑，還有遺體埋在哪裡，都沒有明確情報。因此即使失蹤後，還是有人認為他還活著，更增添了辻的神話色彩。

在湄公河畔暢飲寮國啤酒Beerlao

從日本到寮國沒有直飛航班，所以我在越南河內轉機，飛往寮國的龍坡邦。古都龍坡邦曾經是首都所在地，也是寮國的第三大城，被指定為世界遺產，因此有許多外國人到訪。這裡有東南亞第一長河的湄公河流經，因此一邊眺望湄公河景色，一邊暢飲寮國啤酒Beerlao即成為寮國旅遊的特色。

我隨意挑了一間河畔餐廳，除了寮國啤酒外，我還點了涼拌青木瓜絲、碎肉沙拉（拉帕）、炸春捲和糯米飯（Khao niao）。

真是美味！每一口都讓我在心裡讚嘆不已。寮國啤酒的濃厚完全符合日本人的口味。混合香味蔬菜和調味料的涼拌青木瓜絲、碎肉沙拉和炸春捲，都很適合下酒。

更不用說令人感動的糯米飯了，裝在小竹簍裡的米飯吃起來香甜有嚼勁，也可以搭配碎肉沙拉，捏成迷你飯糰食用。接下來在寮國的好幾頓晚餐，我都在啤酒、涼拌青木瓜絲、碎肉沙拉、炸春捲、糯米飯的組合中度過，甚至覺得「在寮國的生活有這些就足夠了！」

隔天一大早，我逛了龍坡邦的知名早市。雖然沿途看到一堆堆不知名的野生動物屍體，有點令人反胃，但進入巷弄裡，熱氣騰騰的攤子馬上吸引了我。竹簍裡的糯米堆積如山，放在用柴火燒的鍋子上炊煮，吃了一口剛蒸好的糯米飯，美味程度讓人暈眩啊。

一日三餐都是糯米飯

寮國人的平均每人米飯消費量排名世界第二，僅次於孟加拉，日本則是排名第五十，主要是因為戰後在美國文化洗腦下，日本人的飲食生活受到麵粉的嚴重侵蝕。當然，米飯的美味至今仍無庸置疑，但是早餐吃麵包、中餐吃麵的飲食模式，儼然成為日本人生活的一部分。面對三餐都是糯米飯的寮國人，讓身為食米民族的我也自嘆不如。

有學說指出糯米的故鄉位在湄公河中游流域，也就是相當於寮國的位置。原始粳稻因突然發生變異而出現糯米之類的米種。白米的黏性不同主要取決於直鏈澱粉和支鏈澱粉這兩種主要成分含量的多寡，糯米含有較多的支鏈澱粉，所以黏性高；相反地，吃起來蓬鬆的泰國米等是因為直鏈澱粉含量多。

在世界各地的食用米裡，亞洲人吃糯米的比率頗高。更何況是來到了糯米的起源地，沒有不好吃的道理啊。

與主食糯米並列的特色之一，是寮國是佛教國家，信仰小乘佛教。東南亞裡，佛教圈的緬甸、泰國、寮國、柬埔寨，伊斯蘭教勢力的馬來西亞、印尼，與儒教圈的越南、新加坡，天主教圈的菲律賓，宗教多元共存。尤其是寮國人信仰虔誠，在街上經常看到穿著黃色袈裟的僧侶托缽化緣。

辻的《潛行三千里》是他穿著僧侶的袈裟，和部下們一起從曼谷潛入地下的這一幕開始的。在佛教圈，僧侶的社會地位崇高，受人尊敬，因此套上袈裟可以方便行事。辻到了寮國，一開始是穿著普通服裝從首都永珍前往查爾平原，但是在途中遇到盤查，不得已悻然地折返。之後，辻改穿袈裟再度前往。

每天黎明前，寮國的僧侶們會排成一列整齊行進，在街上到處托缽化緣，市民們布施的主要供品也是糯米，從自家拿著裝有糯米的竹簍，捏成一塊塊的飯糰放入僧侶們側背的錫缽內。

暫且不論是否有衛生疑慮，我在龍坡邦也參觀了神聖的布施儀式。事先買了販售給觀光客的糯米，一面看著僧侶的托缽隊伍緩緩前進，一面把糯米放入缽內。我很好奇僧侶們真的會一起享用如此大量的糯米嗎？會不會有部分拿來和別人交換蔬菜之類的呢？我想穿著袈裟的辻應該也在街上收過布施的糯米，用來填飽肚子吧。

奇妙的遺跡——石壺平原

從龍坡邦前往查爾平原的交通方式只有巴士。寮國的道路崎嶇不平是出了名的，距離一百公里左右，卻坐了足足十五小時，冷氣似乎沒什麼作用，一路上在酷熱和顛簸中度過，腰開始痛了，腦筋也一片空白，沒辦法做任何思考。中途，還遇到兩次左右的山崩落石，有一小時以上動彈不得。抵達查爾平原的城鎮豐沙灣時，太陽已經下山了。

老實說，我深刻體會到這樣的旅行應該要在三十幾歲以前完成。那個時候，我待在報社沒日沒夜跑新聞、寫稿子，為公司奉獻心力，但就個人而言，生活幾乎被沒什麼意義的工作所占據，雖然累積難得的經驗，也不覺得後悔，但畢竟人生只有一次，回想起自己三十幾歲的日子，似乎過得有些遺憾。幸好，到了五十歲這個年紀，我對自己的體力和健康依然有信心，所以還應付得了。

查爾平原的面積不大，卻位居寮國最重要的戰略位置。永珍和龍坡邦是在通往北越的要道上，也就是相當於寮國肚臍的地點。

查爾平原的「查爾」是「Jar」的音譯，在法語裡「Jarres」是壺的意思。顧名思義，平原上面有個奇妙的遺跡，就是數萬個巨型石壺散落在平原各處。石壺是集中在「site1」到「site3」。從豐沙灣的市區租車，大約十五分鐘車程即可抵達「site1」。

該怎麼形容石壺的外觀呢？感覺像是巨大的眼球，呈中空狀，很久以前似乎有石蓋，但大部分都不見了。據說至今已有一千五百年之久，是誰為了什麼目的建造如此奇妙的石壺，目前尚無定論。推測不久的將來將被登錄為世界遺產。

前往辻最後出現的地方

從豐沙灣往南，距離約四十公里處，抵達了Khang Khay村。這裡也是穿著袈裟的辻最後失去音訊的地方。

為了守住位居要衝的查爾平原，有許多軍事勢力在Khang Khay村設立據點。越戰時，與北越友好的寮國愛國戰線本部也設於此地。辻希望透過寮國愛國戰線與胡志明見面，因此在途中遭到寮國愛國戰線綁架，也正是他的計畫之內。

但是，接下來的發展就出乎他的意料了。辻既不會講寮國話也不會講英文，聽說他的俄文很流利，卻派不上用場。想要與胡志明見面，這個願望未免太過荒唐無稽。他在Khang Khay的牢裡被關了一陣子，之後音訊全無。

過去是寮國愛國戰線本部的位置，在日本援助下興建了培育教師人才的學校。因為沒有任何導遊或人脈，所以我直接在校舍入口的副校長室敲了門，表示自己是來自日本的記者，想要參觀寮國愛國戰線的軍事設施。於是，這位女副校長用日文說：「請稍候一下。」她撥了通電話後不久，來了一位寮國的年輕男子，說著關西腔的日文。

他曾受日本政府的邀請，到大阪留學一年。他很迅速地理解我的請託，幫我到處聯絡，帶來另一位瞭解相關背景的同事。在那位同事的帶領下，我參觀了過去曾經作為巴特寮軍事設施的舊址，以及曾受美軍轟炸的地方。

途中，那位留學大阪的年輕人用半調子的關西腔不斷追問：「辻政信是誰啊？」「你調查這個，要做什麼呢？」

上：寮國街上經常看到穿著黃色袈裟的僧侶托缽化緣。
下：裝在小竹簍裡的糯米飯香甜有嚼勁，美味程度令人暈眩。

我被帶到一處只剩下水泥基座的地方，那位同事用手指著說，聽說辻是在這裡被囚禁的。至於辻是在哪裡被處刑或埋葬，就不得而知了。原本只是趁著這趟寮國旅行，順便走訪辻到過的地方，我安慰自己，千里迢迢來到Khang Khay看到這些也算了無遺憾，調查辻的足跡暫且先告一段落吧。

辻的人生沒有句點

拖著飢腸轆轆的身子回到豐沙灣，在夜市吃了幾隻像是麻雀般大小的烤小鳥，之後點了放入大量分不清是野草還是蔬菜的火鍋，當然也吃了糯米飯。我覺得這趟旅行好像把這一輩子會吃到的糯米量全都裝進肚子裡了。火鍋和烤小鳥的味道都很濃郁，最後還是要強調寮國的糯米飯真的很美味。

不知道辻是否有機會品嚐到寮國的美食，是否有心情去感受寮國的美好？他的人生裡，讓多少日本年輕人死在戰場上，讓日本人在亞洲裡飽受批評，他是否有回顧的機會？

辻不過是異端分子罷了。問題是出在把他奉為「作戰之神」的日本軍部，而他逃過指名戰犯的通緝，戰後的日本社會也沒有繼續追究。

辻沒有留下隻字片語就消失在寮國這塊土地上。他的人生沒有確切的句點，因此更增添了神秘性。希望有一天他的遺體能夠被發現，也希望哪一天可以發現相關線索，有助於釐清他的死亡真相。日本人應該從他的存在被解放。

糯米飯在口中越咀嚼越香甜，一口接著一口，腦中想像著袈裟裝扮的辻吃著糯米飯的表情，是否也跟我一樣覺得滿足呢?!

有方之美 004

野島剛漫遊世界食考學
——————五十歲的一人旅，從「吃」進入一個國家、一段歷史、一種文化的奇妙田野探訪

作者　野島剛｜**譯者**　張雅婷｜**社長**　余宜芳｜**副總編輯**　李宜芬｜**特約企劃**　張威莉｜**封面暨內頁設計**　陳文德｜**出版者**　有方文化有限公司／23445 新北市永和區永和路 1 段 156 號 11 樓之 2　**電話**—(02)89210339　**傳真**—(02)29211741｜**總經銷**　時報文化出版企業股份有限公司／33343 桃園市龜山區萬壽路 2 段 351 號　**電話**—(02)2306-6842｜**印製**　中原造像股份有限公司——初版一刷 2020 年 1 月 3 日｜**定價**　新台幣 340 元｜

ISBN：978-986-97921-4-1

野島剛漫遊世界食考學 : 五十歲的一人旅，從「吃」進入一個國家、一段歷史、一種文化的奇妙田野探訪 / 野島剛著 .
-- 初版 . -- 新北市 : 有方文化 , 2020.1
面；　公分 . -- (有方之美 ; 4)

ISBN 978-986-97921-4-1(平裝)

1. 飲食風俗　2. 遊記　3. 世界地理

538.7　　108021403